WHISKY

WHISKY

Ein exzellenter Begleiter zu den grossartigsten Whiskys der Welt

Ian Wisniewski

ISBN 3-89815-068-2

Herausgeberin: Joanna Lorenz
Projekt-Redakteurin: Zoe Antoniou
Designer: Nigel Partridge
Cocktail-Rezepte: Oona van den Berg, Norma Miller und Stuart Walton
Stylisten: Clare Louise Hunt und Judy Williams
Fotos: Steve Baxter, David Jordan und William Lingwood
Cover: Mathias Becker
Art Direction Eurobooks: M. Becker

Lifestyle 2000

Anmerkungen

Für die Cocktail-Rezepte werden drei equivalente Maßeinheiten angegeben:
Barmaß, metrisches und britisches Imperialmaß.
Diese Einheiten dürfen innerhalb eines Rezepts nicht verwechselt werden.
1 Maß=$^1/_6$ Gill=22,5 ml

Inhalt

Einleitung

Whisky ist seit langem als internationale Spezialität etabliert; der Beginn seiner Geschichte war jedoch rein praktischer Natur. Ursprünglich brannten Mönche und Farmer Whisky, um überschüssiges Getreide zu verbrauchen, und tranken ihn als Medizin. Mit der Entwicklung der Brennkunst wurde er später zu einem ausgesprochenen Luxusgut.

Neben der Bedeutung als Statussymbol spielte Whisky eine große Rolle in Geschichte und Kultur verschiedener Völker und Länder. Insbesondere ist sein Werdegang mit dem der Schotten und Iren verknüpft, die als erste Whisky brannten und ihr Wissen über die Brennkunst bei Ihrer Auswanderung nach Nordamerika mitnahmen und so die Whiskytradition in den USA und Kanada etablierten.

Die Whiskyherstellung basiert auf der Verwendung von Getreide und Wasser sowie dem gleichen Brennverfahren wie bei anderen Spirituosen auf Getreidebasis, z. B. Wodka oder Gin. Was Whisky von diesen unterscheidet, ist der Reifungsprozess und die jahrelange Lagerung in Eichenfässern, die eine unglaubliche Vielfalt verschiedener Charaktere und eine Fülle von Aromen hervorbringen. Ob pur getrunken oder gemixt, als Aperitif, Cocktail oder Digestif – Whisky ist wirklich eine Klasse für sich.

Schottland, Irland, die USA und Kanada sind in der Whiskyherstellung führend, aber auch andere Länder wie Japan, Südkorea, Neuseeland, Indien, Brasilien und Spanien destillieren eine Vielzahl „einheimischer“ Whiskys. Darüber hinaus brennen selbst benachbarte Destillerien in Schottland vollkommen unterschiedliche Whiskys, und so ist die Auswahl immens groß. Das liegt an vielen Faktoren, wie der Art des verwendeten Getreides, der Wasserquelle und natürlich des brennereieigenen Stils.

Vielfältig ist auch die Schreibweise des Wortes. In Schottland und Kanada schreibt man „Whisky“, in anderen Ländern wie Irland und den USA „Whiskey“. Der Name entwickelte sich mit der Ausbreitung des Brennverfahrens in Europa und ist auf verschiedene Worte zurückzuführen, wie das französische *eau-de-vie*, das schottische und irische *uisge beatha* oder das lateinische *aqua vitae*, die alle „das Wasser des Lebens“ bedeuten.

Oben: Ein klassischer Whiskydekanter und Gläser.

Gegenüber: Rob Roy, eine bedeutende Figur der schottischen Geschichte, besiegelt ein Versprechen mit einem Drink.

Die Welt des Whiskys

Das Brennverfahren wurde wahrscheinlich um 3000 v. Chr. von den Chinesen und Arabern für die Parfumherstellung aus Blumen und Pflanzen entwickelt und von irischen Mönchen übernommen, die es bereits im 6. Jahrhundert auf vergorene Getränke und die ersten Biere aus Getreide anwandten. Der so gewonnene Trank hatte den Ruf, verschiedene Krankheiten zu heilen und ein langes Leben zu fördern.

Irland und die ersten Whiskys

Die Geschichte des Whisky nahm ihren Anfang vermutlich in Irland. Irischer Whiskey soll älter als der schottische sein, und seine Beliebtheit ist historisch überliefert. Eine frühe Anhängerin des Irish Whiskey war Queen Elizabeth I. (1533–1603), die seine Bekanntschaft wohl durch Sir Walter Raleigh machte, welcher bei einem Besuch in Irland in sein Tagebuch schrieb, er habe „ein hervorragendes Geschenk erhalten. Ein 32-Gallonen-Fass von hausgebranntem uisce beatha des Earl of Cork".

Auch bei anderen Persönlichkeiten kam Irish Whiskey zu Ehren, wie bei Peter dem Großen von Russland (1672–1725): „Von allen Weinen ist der irische Geist der beste". Dr. Johnson schreibt in seinem erstmalig 1775 veröffentlichten *Wörterbuch der englischen Sprache:* „uisce beatha. Es ist ein destilliertes Getränk, das Aromen angenommen hat; und die irische Sorte ist besonders berühmt wegen ihres angenehmen und milden Geschmacks." Johnson besuchte auch das White Horse Inn in Edinburgh, nach dem der berühmte Blend benannt worden ist.

Oben: Eine frühe irische Whiskey Still auf einem Gemälde, 1840.

Links: Die Jameson Distillery wurde 1780 in Irland gegründet.

Rechts: Ein Portrait Dr. Johnsons von Sir Joshua Reynolds.

Ende des 18. Jahrhunderts gab es fast 2000 Whikeybrenner in Irland, die berühmtesten davon in Dublin. Darunter waren Jameson, 1780 gegründet, und sein Rivale Power's (1791). Die Old Bushmills Distillery in der County Antrim ist die älteste Destillerie der Welt. Sie erhielt ihre Lizenz 1608, obgleich die Brennereigeschichte bis in das Jahr 1276 zurückreicht.

Während des 19. Jh. war irischer Whiskey in den USA sehr beliebt. Dort gab es Hunderte verschiedener Marken. Die Prohibition (1919–33) schwächte jedoch die Dominanz des Irish Whiskey, die auch im Laufe des 20. Jahrhunderts mehrere Rückschläge erlitt. Der Unabhängigkeitskrieg in Irland 1916 und der Bürgerkrieg 1919–21 wirkten sich verheerend auf die Brennereien aus, und während des folgenden Handelskrieges mit England wurde Irish Whiskey aus Britannien und dem britischen Weltreich verbannt. Heute erfreut er sich jedoch wieder internationaler Beliebtheit.

Die Entwicklung des Scotch Whisky

Mit dem Christentum brachten irische Mönche vom 9. bis 13. Jahrhundert offenbar auch Destillationskenntnisse nach Schottland. Es ist auch möglich, dass schottische Farmer bereits Whisky aus überschüssiger Gerste brannten. Der früheste historische Beleg für Scotch Whisky ist der Eintrag in einem Kassenbuch von 1494: „8 Scheffel Malz für Bruder John Cor zur Bereitung von aqua vitae". Diese Menge reicht für ca. 1.500 Flaschen Whisky und zeigt, dass die Destillation zu dieser Zeit bereits etabliert war. Beim Besuch König James IV. im September 1506 in Inverness belegen die Aufzeichnungen seines Schatzmeisters „eine Phiole aqua vitae für den König…", was man als Hinweis auf eine dort hergestellte Spirituose verstehen kann.

1690 wird erstmalig eine schottische Destillerie in den Akten des schottischen Parlaments erwähnt: die Ferintosh Distillery des Duncan Forbes von Culloden. Ein früherer Beleg für die Destillation in einem Privathaus in Banffshire stammt von 1614, als ein Dieb beschuldigt wurde, in ein Haus eingebrochen und einige „aqua vitie" entwendet zu haben.

Bedeutende Verbesserungen des Brennverfahrens im 16. und 17. Jahrhundert sind auf die Auflösung der Klöster im Jahre 1536 zurückzuführen. Mönche, die führende Vertreter der Destillation waren, teilten ihr Wissen mit der Welt. Wegen der verbesserten Qualität des Whiskys erhöhte sich auch sein Verbrauch. Das schottische Parlament sah darin bald eine Möglichkeit der Besteuerung und setzte 1644 in

Oben: Die Geschichte des Scotch Whisky ist mit den Clans verbunden – hier ein Mitglied des Buchanan-Clans.

Rechts: Die Entwicklung der Mackinlay's-Flasche.

der ersten Steuerverordnung die Höhe der Whiskysteuer fest.

Als Schottland nach Vereinigung der Parlamente ab 1707 von England regiert wurde, sollte auch das schottische Brenngewerbe kontrolliert werden. Die Gesetzgebung war jedoch undurchsichtig und daher schwer durchsetzbar, was zu einem Aufschwung des Schwarzbrennens führte. Bald gehörte das Schmuggeln zum Dasein vieler Destillerien, und diesem illegalen Handel wurde nichts Unmoralisches beigemessen. Selbst Geistliche der schottischen Kirche stellten Lagerraum unter ihren Kanzeln zur Verfügung, Särge dienten als Versteck, um den Whisky vor den Steuereintreibern zu verbergen.

1777 existierten in Schottland nur acht genehmigte Destillerien, allein in Edinburgh jedoch rund 400 Schwarzbrenner. In den Highlands wurden illegale Stills

geschickt verborgen. Oft befanden sie sich in Schlupfwinkeln am Fuße von Hügeln, wo der Rauch des Torffeuers zum Schornstein eines Wohnhauses umgeleitet werden konnte. Schmuggler kooperierten und sandten bei drohenden Razzien Warnsignale über die Berge. Obwohl etwa 14.000 Stills jährlich konfisziert wurden, blieb mehr als die Hälfte der gesamten Whiskyherstellung Schottlands illegal.

Die einzige Abhilfe gegen den illegalen Whiskyhandel war die Einführung von Reformen, welche die lizensierte Whiskyproduktion zu einem einträglichen Geschäft machten. Daher schlug der Duke of Gordon ein Gesetz vor, das 1823 verabschiedet wurde und so den Grundstein für die schottische Whiskyindustrie legte. Für jede Destillerie wurde eine Jahresgebühr von 10 £ und eine Zahlung pro Gallone Rohalkohol festgelegt. Das Gesetz hatte die gewünschte Wirkung. 1824 wurde Glenlivet die erste lizensierte Destillerie. Das Schmuggelgeschäft verschwand praktisch in den folgenden zehn Jahren, und zahlreiche Destillerien erhielten eine Lizenz (einige wurden auf dem Gelände früherer Schwarzbrennereien errichtet).

Die Beliebtheit des Scotch Whisky nahm aus verschie-

OBEN LINKS: *Frühe Brennerei in Schottland.*

OBEN RECHTS: *Cartoon „Fassexperte testet ein Fass auf seinen Zustand" aus einer Johnnie Walker Serie.*

LINKS: *Highland Park Distillery; die Fässer tragen entscheidend zum Charakter eines Whiskys bei.*

denen Gründen noch weiter zu. Durch Queen Victorias Besuche auf Balmoral Castle (von ihr 1848 gekauft) wurde Schottland und alles Schottische bei den Engländern modern. Scotch Whisky profitierte auch von einem zeitweiligen Rückgang der Branntweinherstellung im späten 19. Jahrhundert, der auf die Zerstörung vieler französischer Weinberge durch die Reblaus *Phylloxera* zurückging. Als die Vorräte französischen Brandys schwanden, trat Scotch Whisky an dessen Stelle und etablierte sich dabei als Digestif.

Diese Zeit brachte auch zahlreiche technologische Fortschritte. Bis zum frühen 19. Jahrhundert benutzten Destillerien traditionelle Brennblasen (Pot Stills) aus Kupfer, während die Entwicklung des kontinuierlichen Brennapparates um 1830 zur Herstellung von Grain Whisky führte. Dieser Whisky war weicher und milder als Malt Whisky, der außerhalb Schottlands allgemein als zu intensiv angesehen wurde. Die Kombination beider Whiskyarten (das Blending) war ein neues Konzept, das um 1860 von Andrew Usher & Co. in Edinburgh eingeführt wurde. Diese Technik erzeugte einen leichteren, sehr gefälligen Whisky.

Die Amerikanische Methode

Die Whiskeytradition in den USA stammt von schottischen und irischen Immigranten, die sich in Pennsylvania, Maryland und Virginia niederließen. Sie bauten Getreide wie Roggen, Gerste und Weizen aus ihrer Heimat an und brannten aus überschüssigem Korn Whiskey. Diesen nannten sie *usquebach* (gesprochen „whiskee-bah“), was später zu „Whiskey“ gekürzt wurde. Frühe Siedler in Virginia und Carolina lernten von den Ureinwohnern Mais kennen, der ebenfalls zum Brennen von Whiskey verwendet und schließlich zum Hauptbestandteil des Bourbon avancierte.

Das Motiv zur Whiskeydestillation mag von Beginn rein kommerzieller Natur gewesen sein, da es einträglicher war Whiskey zu transportieren und zu verkaufen als Getreide. Whiskey wurde zunächst als nützliche Medizin betrachtet, erlebte aber einen Durchbruch durch den Rückgang der Rumherstellung wegen der hohen Steuern auf Melasse seit 1733. Eine weitere bedeutende Entwicklung war 1776 der „Corn Patch and Cabin Rights Act“, ein Gesetz, nach dem der Staat Virginia jedem Siedler freies Land anbot, der sich in Kentucky (damals ein Teil von Virginia) niederließ, ein Haus, eine Farm errichtete und Mais anbaute. Rund

Oben: Die Glenlivet Distillery war die erste Brennerei in Schottland, die 1824 eine Lizenz erhielt.

Rechts: Whiskyschmuggler an der schottischen Küste, 1792.

300 schottische und irische Familien aus Süd-Pennsylvania nahmen das Angebot an und zogen westwärts. Unter den frühen Siedlern war die Familie Samuels, die die Maker's Mark Distillery gründete, und Evan Williams, der aus Virginia stammte und 1783 Kentuckys erste kommerzielle Brennerei in der Hauptstraße von Louisville gründete (eine Bourbon-Marke trägt noch heute seinen Namen).

1786 traf ein weiterer bedeutender Mann in Kentucky ein: der einstige presbyterianische Geistliche und spätere Baptistenpfarrer Elijah Craig, der die Whiskeyproduktion 1789 aufnahm.

Tatsächlich wird Craig die „Erfindung" des Bourbon zugeschrieben. Der Legende nach hatte ein Küfer, der Holzleisten über dem Feuer erhitzte und bog, versehentlich eine der Dauben verkohlt und sie dennoch im Fass verarbeitet. Aus Sparsamkeit entschloss sich Reverend Craig, das Fass trotzdem für seinen Whiskey zu verwenden. Dieser „Fehler" brachte einen Whiskey hervor, der weicher und aromatischer war und begründete die Tradition der angekohlter Fässer in der Bourbon-Produktion.

Auch die Bedeutung der Reifezeit für die Qualität des Whiskeys wurde zufällig entdeckt. Als Bourbonfässer gelagert wurden, um sie im Frühjahr auf den angestiegenen Flüssen transportieren zu können, bemerkte man, dass Whiskey mit der Zeit besser wurde. Als 1792 Kentucky zum 15. Bundesstaat wurde, kombinierten die Whiskeybrenner Mais mit traditonell verwendetem Roggen, da sie entdeckt hatten, dass Mais dem Whiskey ein süßeres Finish verleiht.

Viele nahmhafte Bourbon-Destillerien florierten im 19. Jahrhundert. Jack Daniel gründete 1866 die heute älteste registrierte Destillerie in den USA. Im Alter von sieben Jahren soll Jack Daniel in Lincoln County, Tennessee, die

OBEN: In „The Roaring Twenties" wird James Cagney während der Prohibition beim Brennen verhaftet.

RECHTS: Eine Flasche Jack Daniel's Whiskey und zwei frühe Etiketten.

Brennkunst erlernt haben. James Beam trat 1880 in das Whiskeyunternehmen der Familie ein, das 1795 von seinem Großvater Jacob Beam gegründet worden war und als die Jim Beam Distillery bekannt ist.

1870 verkaufte George Garvin Brown, ein Apotheker in Louisville, erstmalig Bourbon in versiegelten Flaschen. Dieses erhöhte das Vertrauen der Kunden in ein Produkt, das gewöhnlich verdünnt oder mit minderwertigen Marken verfälscht wurde. Brown gründete bald seine eigene Destillerie, und die Brown-Forman Corporation bietet heute ein reichhaltiges Spirituosensortiment.

Der Erfolg des Bourbon öffnete ihm die Grenze zum Wilden Westen, um 1900 gab es Hunderte Destillerien in Kentucky, dem benachbarten Indiana und Ohio. Während der Prohibition wurden einige Marken weiter zu medizinischen Zwecken verkauft. Erst 1964 führte die US-Regierung strenge Vorschriften für die Bourbonherstellung ein und gab dem Namen eine rechtliche Grundlage.

OBEN LINKS: Ein Brennmeister beim „Nosing" einer Bourbonprobe.

OBEN RECHTS: Old Bushmills Distillery, die älteste Whiskeybrennerei der Welt, gegründet 1608.

UNTEN: Eine Auswahl von Etiketten aus Kanada, Japan und Wales.

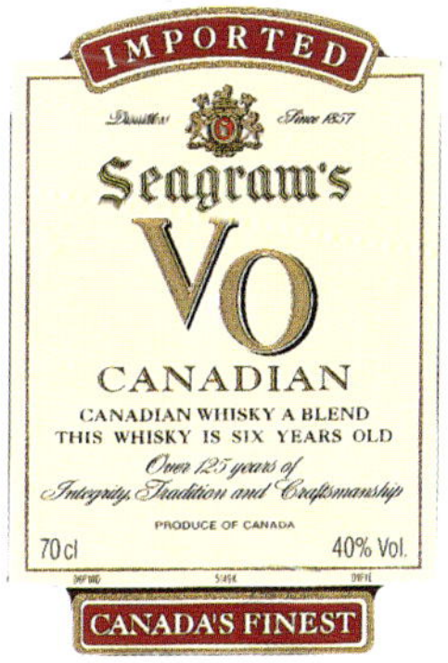

CANADIAN UND ANDERE WHISKYS

Kanadas erste Destillerie wurde wohl 1668 gegründet. Canadian Whisky war bereits im frühen 19. Jahrhundert etabliert, vor allem um Quebec. Nach zeitweiligem Rückgang während und nach dem I. Weltkrieg erhohlte sich das Whiskygeschäft nach Ende der Prohibition in den USA, dem Haupt-Exportmarkt für Canadian Whisky.

Whisky wird auch in verschiedenen anderen Ländern gebrannt, u. a. Wales, Spanien, Deutschland, Japan, Neuseeland, Indien und Brasilien. Diese „einheimischen" Whiskys erfreuen sich einer treuen Anhängerschaft.

Flaschen und Etiketten

Whisky wurde zuerst direkt aus dem Brennkolben oder aus Fässern verkauft. Erst zum Ende des 19. Jahrhunderts begannen Brennereien ihren Whisky in Flaschen abzufüllen, um zu verhindern, dass ihr Produkt in einem Fass mit schlechteren Marken vermengt wurde. Auch sonst hatte die Brennerei durch den Verkauf aus dem Fass kaum Kontrolle über Qualität oder Geschmack des Whiskys, da er im Fass weiterreifte.

Zunächst war das Abfüllen in Flaschen eine praktische Maßnahme, wurde aber schnell zu einer Kunst für sich. Die Brenner bemerkten bald, dass ein Etikett ein ideales Mittel darstellte, die Eigenschaften ihrer Marken anzupreisen. Immer ausgefeiltere Verpackungen wie Keramikkrüge und Dekanter erhöhten das Niveau der Darbietung.

Einige Darstellungen beziehen sich auf klassische Assoziationen wie die Golftradition Schottlands und natürlich die schottischen Clans. Die Clan-Serie von Glenfiddich besteht aus Geschenkbüchsen mit Abbildungen von Clanoberhäuptern, die Originale der Gemälde aus dem 18. Jahrhundert befinden sich in der Scottish National Gallery. Bourbon beruft sich gern auf Kentuckys berühmte Vollblutpferde. So wird die Flasche von Blanton's von einem Rennpferd gekrönt.

Die Nähe des Scotch Whisky zur Exclusivität führte zur Einführung der „Designermarken" von Modehäusern wie Burberry's und Dak's oder dem Mode- und Tabakkonzern Alfred Dunhill.

Für jene, die noch nicht mit der enormen Vielfalt der Whiskysorten vertraut sind, bieten Flaschen im Miniaturformat eine großartige Möglichkeit zum Probieren. Die Geschenkpackung mit der Sammlung von Classic Malts umfasst sechs der feinsten Malt Whiskys, aus jeder der schottischen Whiskyregionen.

Im Uhrzeigersinn von oben links: Die Glenfiddich Clan Serie, McGibbon's Golf Serie, Alfred Dunhill Whisky, Blanton's Bourbon und zwei charakteristische Etiketten (Mitte).

Frühe Werbung

Werbung ist seit langem ein wichtiger Bestandteil des Whiskyhandels. Der Stil, in dem über Jahrhunderte für Whiskymarken geworben wurde, bietet einen faszinierenden Einblick in die „Sozialgeschichte“ des Whiskys.

Eine Werbekampagne identifizierte ihre Marke oft mit einer Figur, die dann in einer Werbe-Serie erschien. Der Johnnie-Walker-Mann ist dafür ein Musterbeispiel, mit einer eigenen Sammlung von Geschichten, die ein Eigenleben entwickelten. Die Figur erschien auch in vielen Cartoons der englischen Zeitschrift *Punch*, die besonders soziale Hintergründe der Zeit reflektierte.

Die Kampagnen von Johnnie Walker belegen auch die enge Verknüpfung des Whiskys mit einer Zahl sportlicher Aktivitäten. Manche frühe Werbung bezieht sich auf traditionelle Männerbeschäftigungen wie Jagen oder Hunderennen. Werbung für Scotch Whisky bezieht sich auch auf Schottlands Ruf als die Heimat des Golfs und die Metaphorik dieses Sports.

Viele Whiskyproduzenten setzten wirksam Humor ein, um ihr Anliegen zu vermitteln. Eine Kampagne für Haig zeigte einen amerikanischen Dandy, der die Freiheitsstatue grüßt, welche statt der Fackel eine Flasche Scotch Whisky trägt. Eine Dewar's Kampagne mit dem Titel „Highland Games“ zeigte einen Schotten, der seine Stärke mit einem Stoß Whiskykisten demonstriert und dabei die Welt erobert.

Im Uhrzeigersinn von oben links: Frühe Werbung für Dewar's White Label, Schenley's Royal Reserve, König George IV. mit dem Titel „Say when, Man!“, Buchanan's Black & White, Haig Whisky und Johnnie Walker 1929 (Mitte).

Die Whiskyarten

Scottish, Irish, Canadian und American Whiskys haben Weltruhm. Jede Art verfügt über eine große Vielfalt an Stilen und Eigenschaften, denn der Geschmack des Whiskys wird von verschiedenen Faktoren bestimmt. Besonders sind das die Getreideart oder die Getreidekombination, die Art der Hefe, welche die Gärung anregt, die Wasserquelle, die Dauer der Lagerzeit, die Art der Fässer, die zur Lagerung verwendet werden, die Klimabedingungen während der Lagerung, ob Whiskys geblended werden und natürlich der eigene Stil jeder Brennerei. Diese Faktoren bewirken, dass selbst benachbarte Destillerien gegensätzliche Whiskys brennen, ganz zu schweigen von Destillerien in verschiedenen Regionen und Ländern.

Oben: Ultima, ein Blend von Justerini & Brooks aus 128 Malt und Grain Whiskys.

Links: Single Malt Whiskys (Loch Dhu und Knockand).

Rechts: Eine Auswahl schottischer Blends (Chivas Regal, Passport und White Horse).

Malt Whiskys

Malt Whiskys werden aus gemälzter Gerste gebrannt, Single Malts sind das Produkt nur einer Destillerie. Schottland und Irland brennen Malt Whiskys, die von Kennern als beste Beispiele der Brennkunst gerühmt werden. Aroma und Geschmack können dramatisch von einem Malt zum anderen variieren. Irish Malt Whiskeys haben ein Bouquet mit Tönen von Oloroso Sherry, Vanille und Honig, eine fruchtige Süße und ein weiches, getreidiges Finish. Scotch Malt Whiskys variieren im Stil je nach Region, in der sie gebrannt und gelagert wurden. Elegante Aromen und Geschmacksstile reichen von Frucht, Nuss und einer Reihe von Gewürzen wie Zimt und Muskat, mit einem reinen leichten Finish zu Torf, Seetang, Malz, Heidekraut sowie einem rauchigen Aroma.

Grain Whiskys

Grain Whiskys werden oft aus Mais oder gemälzter Gerste gebrannt. Während eine kleine Zahl als Single Grain Whisky abgefüllt

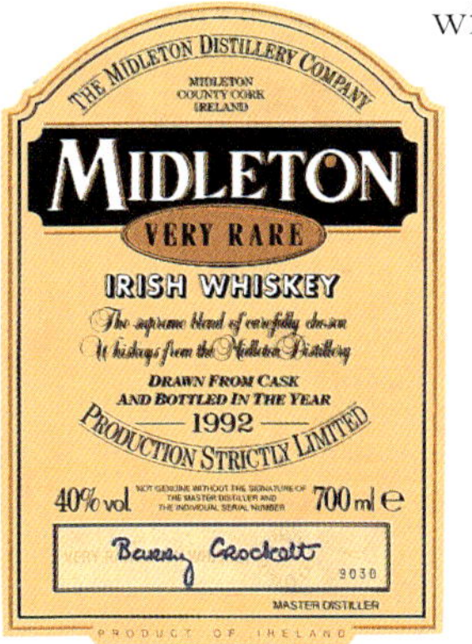

wird, sind sie hauptsächlich für Blends bestimmt, denen sie Körper und Frische verleihen.

Blended Whiskys

Malt und Grain Whiskys bieten zusammen eine enorme Stilvielfalt. Irische Blends zeigen eine reiche Komplexität, die malzige, nussige, fruchtige, Zitronen- und Gewürznoten mit einem weichen, Eichen- oder keksartigen Finish vereinigen. Die Milde der Scotch Grain Whiskys verbindet sich mit Malt Whisky zu einem weiten Spektrum von seidig weicher, fruchtiger, eichentöniger Eleganz und Süße mit einem reinen, trockenen Finish bis zu einem körperreichen, malzigen und rauchigen Charakter.

Canadian Whisky wird als der leichteste Blended Whisky gerühmt. Seine Milde, Weichheit und Feinheit spiegelt die Mischung aus Roggen, Gerste und Mais sowie die Kunst der Blendmeister wieder. Amerikanische Blends bestehen aus Getreide wie Mais, Roggen und Winterweizen und sind weich, reich und tief im Geschmack.

Bourbon

Bourbon ist Amerikas herausragender Whiskey. Er umfasst ein unglaublich reiches Aroma mit ausbalan-cierter Süße und elegante Stile mit fruchtiger, nussiger, blumiger Nase, reichem, weich cremigem Geschmack und entschiedenem Finish. Der einzigartige Charakter des Bourbon ist teilweise auf das Reifeverfahren zurückzuführen, mit seinen eigenen Spezialmethoden und -verfahren.

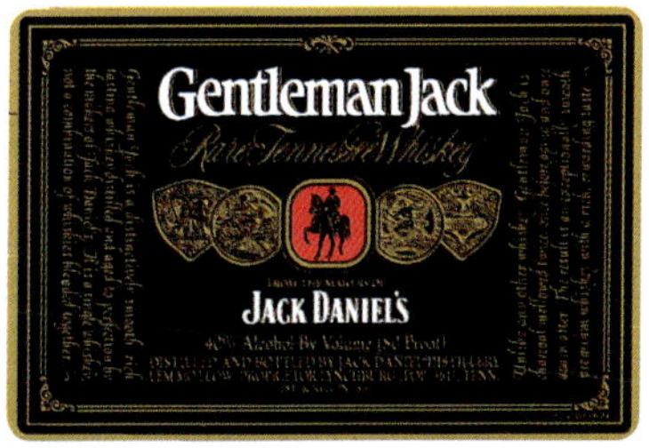

Andere amerikanische Whiskeys

Tennessee Whiskey wird ähnlich wie Bourbon hergestellt, erfährt jedoch eine zusätzliche Milderungsprozedur. Dadurch entsteht ein Whiskey mit außergewöhnlich weichem, reichem und mildem Aroma sowie Spuren von Rauchigkeit. Amerikanische Rye Whiskeys bestehen aus einem großen Anteil Roggen. Sie sind weich und geschmacksintensiv. Viele American Whiskeys basieren auf dem Sour-Mash-Verfahren, bei dem immer die Hefe aus der Maische des vorangegangenen Gärprozesses eingesetzt wird.

Oben links: Irish: Bushmills Malt, Midleton Very Rare und Jameson.

Oben rechts: Canadian Whisky: Schenley und Gibson's.

Rechts: Zwei American Whiskeys: Gentleman Jack und Jack Daniel's.

Kleine Servierkunde

Whisky wird pur oder gemixt, als Aperitif (vor dem Essen), Digestif (nach dem Essen) oder als Cocktail getrunken.

Aperitifs

Ein traditioneller Aperitif aus Blended Scotch, Canadian oder American Whisky wird gewöhnlich pur oder mit Eis („On the Rocks") in einem Tumbler oder einem Kelchglas serviert. Die beliebtesten Begleiter sind Quellwasser, Soda oder Mixgetränke wie Limonade, Ginger Ale und Cola. Irish Whiskey wird meist halb und halb mit Wasser gemischt, da es das Aroma besser hervorbringt. Ideale Begleiter eines Scotch Malt ist jenes Quellwasser, das auch zu seiner Destillation verwendet wurde.

Digestifs

Malt Whisky ist ein idealer Digestif. Am besten serviert man ihn in einem tulpenförmigen Glas, da der breite Bauch und schmale Hals das Aroma besser konzentrieren als ein Tumbler. Nach dem Eingießen sollte das Glas in der Hand gewärmt und geschwenkt werden, um die Aromen freizusetzen. Während Malt Whisky meist pur getrunken wird, geben die Schotten oft einige Tropfen stilles Wasser hinzu, das die Komplexität der Aromen offenbart.

Der Österreicher Georg Riedel entwarf in Zusammenarbeit mit verschiedenen Experten das ultimative Glas für Single Malt Whisky. Das Riedelglas ist eine verlängerte Tulpenform mit kurzem Stil und einem kleinen Rand, der das Getränk auf die Zungenspitze leitet, welche die Süße wahrnimmt.

In einem Dekanter kann Whisky attraktiv aufbewahrt und serviert werden. Einige Deluxe-Marken werden in eigenen Karaffen verkauft.

Cocktails

Cocktails erweitern das Whiskyrepertoire. Klassiker auf Whiskybasis sind Whisky Sour, Manhattan und Mint Julep.

Im Uhrzeigersinn von oben: Das Riedelglas, Bourbon „On the Rocks", Whisky pur, Whisky Soda mit Eis und purer Whisky mit Eis.

DIE HERSTELLUNG

Whisky entsteht in einem komplexen Verfahren, mit verschiedenen Stadien, die alle entscheidenden Einfluß auf den letztendlichen Charakter des Whiskys haben. Wichtige Faktoren sind die Art des verwendeten Getreides und seiner Vorbereitung, die Wasserquelle, die Art des Destillierapparates, die Stärke des Destillats, wie schnell und ob zwei- oder dreifach destilliert wird.

SCOTCH MALT WHISKY

Scotch Malt Whisky wird aus gemälzter Gerste, Wasser und Hefe hergestellt. Die Gerste wird zuerst gemälzt, d. h. zwei bis drei Tage in Bottichen mit Quellwasser eingeweicht, dann auf dem Boden des Mälzhauses oder der Saladinkisten ausgebreitet, wo sie zu keimen beginnt. Das Keimen wird durch Zufuhr warmer Luft und ständigem Wenden gefördert. Der Keimvorgang wird abgebrochen, indem die Gerste in Darröfen, befeuert mit Torf aus den schottischen Hochmooren, getrocknet wird. Der Rauch des Torfes verleiht der Gerste und so dem späteren Whisky ein charakteristisches Aroma. Wenige Destillerien mälzen heute noch selbst, sondern kaufen das fertige Malz.

Das getrockene Malz wird gemahlen und dieses „Schrot“ in einem rundem Gefäß, dem Maischbottich, mit heißem Quellwasser vermischt. Hier wird die lösliche Stärke der Gerste in „Würze“ umgewandelt und danach in einen Gärbottich (Washback) gegeben, wo Hefe hinzugefügt wird und die Gärung beginnt, bei der die zuckerhaltige

OBEN: Eine historische Illustration schildert den Brennvorgang.

LINKS: Der Fluss Spey im Herzen von Speyside, Schottland.

OBEN RECHTS: Gerste, Hauptbestandteil von Malt Whisky.

Würze während der nächsten 48 Stunden in eine alkoholische Flüssigkeit umgewandelt wird, die wie Bier schmeckt und riecht. Diese Flüssigkeit wird „Wash" genannt und zwei Mal in einem Destillierapparat (Pot Still) aus Kupfer destilliert. Dabei wird sie erhitzt, bis sie verdampft und innerhalb des Brennkolbens aufsteigt, sich in der Kühlanlage wieder verflüssigt und aufgefangen wird.

OBEN: *Washbacks in der Glenfiddich Distillery.*

Das Destillat wird in einem Bottich mit Quellwasser verdünnt und dann zum Reifen in Fässer gefüllt. Malt und Grain Whiskys reifen mindestens drei Jahre in Eichenfässern. Sie müssen in Schottland gebrannt und gelagert werden, damit sie „Scotch Whisky" genannt werden dürfen.

Scotch Grain Whisky

Scotch Grain Whisky entsteht aus Weizen oder Mais, der zunächst für einige Stunden unter Druck gekocht wird, um die Stärke freizusetzen, welche dann in gärfähigen Zucker umgewandelt werden kann. Das Getreide wird im Maischbottich evtl. mit gemälzter Gerste kombiniert und mit kochendem Wasser vermengt, das die Stärke in Zucker umsetzt. Hefe wird zugesetzt, welche die Gärung einleitet

Die verschiedenen Brennapparate

Beim herkömmlichen Brennen werden Pot Stills aus Kupfer eingesetzt, Ende des 16. Jahrhundert in Europa verbreitet.

Die flüssige Wash, deren Zucker bei der Gärung in Alkohol umgewandelt wurde, wird erhitzt, bis der Alkohol im Innern der Brennblase aufsteigt und sich in einem mit Wasser gekühlten Rohr wieder verflüssigt. Dieses Rohr führt zu einem Behälter, in dem der Alkohol aufgefangen wird. Ein aufwendiges Verfahren, weil immer nur kleine Mengen destilliert werden können. Scotch und Irish Malts werden auf diese Art in Pot Stills gebrannt.

Eine technische Neuerung war um 1830 die Erfindung der Coffey- oder Patent Still. Sie enthält zwei Kolben. Der Alkohol wird im ersten verflüssigt und kondensiert im zweiten. Das ermöglicht einen kontinuierlichen Betrieb, der kostengünstiger durchzuführen ist als in einer Pot Still und ein Destillat von guter Qualität liefert. Sie wird zur Herstellung von Grain Whisky benutzt und kontinuierlicher Brennapparat genannt.

LINKS: *Pot Stills aus Kupfer in der Alt-a-Bhain Distillery.*

und jene Wash produziert, die dann in kontinuierlich arbeitende Coffey- oder Patent Stills geleitet wird.

Das Blending

Die meistverkauften Scotch Whiskys sind Blends aus Malt und Grain Whisky. Das Blending wird von einem Blendmeister durchgeführt, der mit seinem feinen Geruchssinn beurteilt, welche Whiskys sich gut ergänzen und besonders, in welchem Alter die verschiedenen Whiskys geblendet werden sollten.

Der Blendmeister entscheidet, welche Art von Fässern zur Lagerung der Malts und Grain Whiskys geeignet ist: neue Eichenfässer oder Fässer, in denen zuvor Sherry oder Bourbon reifte. Die Dauer der Lagerung wird von verschiedenen Überlegungen bestimmt, z.B. vom Fassungsvermögen des benutzten Fasses (sie kann 45 bis 500 Liter betragen), der Stärke, in der das Getränk reift (bei Malt Whisky liegt diese um 63,5 Vol.-% Alk. und bei Grain Whisky bei 70–85 Vol.-% Alk.), sowie der Temperatur und Feuchtigkeit des Lagerhauses. Malt reift gewöhnlich länger als Grain Whisky und verbleibt oft zehn Jahre oder länger im Fass.

OBEN: in der Knockando Distillery werden Fässer datiert.

LINKS: Arbeiter der Glenturret Distillery, 1905.

Die Fässer

Verschiedene Fässer werden für die Lagerung des Whiskys verwendet, darunter ehemalige Bourbon- und Sherryfässer. Durch die Poren des Holzes gelangt Luft an den Whisky und mildert ihn. Er absorbiert Bestandteile aus dem Eichenholz und nimmt dessen Farbe an.

In angekohlten Fässern nimmt der Whisky die Stoffe aus dem Holz schneller auf als in solchen aus neuem Eichenholz, während Bourbon- oder Sherryfässer ihre charakteristischen Aromen freisetzen und dem Whisky Komplexität verleihen.

Ein Teil des Whiskys verdunstet während der Lagerung – dieser wird „Anteil der Engel" genannt.

UNTEN: Fässer in der Glenturret Distillery, Schottland.

Für einen Blend verwendet der Blendmeister 15 bis 50 Malt und Grain Whiskys, die er nach Aroma, Geschmack und Charakter auswählt. Ziel ist ein harmonischer Blend, der komplexer, aber auch weicher als die einzelnen Whiskys ist. Blendmeister testen Whiskyproben in einem tulpenförmigen Glas (welches das Bouquet am besten konzentriert) mit einigen Tropfen Wasser, um die Aromen freizusetzen.

Die Whiskys werden in speziellen Bottichen geblendet und dann in Fässer gegeben, wo sie sechs bis acht Monate verbleiben. Diesen Vorgang nennt man „Vermählung". Der Blend wird mit Wasser auf Trinkstärke reduziert (Minimum 40 Vol.-% Alk. innerhalb der EU).

Blended Scotch Whisky trägt nicht immer eine Altersangabe. Wenn ein Alter angegeben wird, bezieht sich dieses auf das Alter des jüngsten Whiskys. Ein Deluxe-Blend enthält einen höheren Anteil älterer Whiskys.

Irish Whiskey

Ein Unterschied zwischen Irish und Scotch Whisky besteht darin, dass das Malz für Irish Whiskey in einem geschlossenen Darrofen und nicht über einem Torffeuer getrocknet wird und deshalb kein Torfaroma annimmt. Während Scotch Whisky zweifach destilliert wird, brennt man Irish Whiskey drei Mal in Pot Stills aus Kupfer. Zur Maische der gemälzten Gerste wird manchmal Mais gegeben, was die Irish Whiskeys leichter macht. Nach der dritten Destillation wird Irish Whiskey in Eichenfässern gelagert, die zuvor entweder Irish Whiskey, Sherry, Bourbon oder sogar Rum enthielten.

In Schottland werden Malt und Grain Whiskys aus vielen verschiedenen Destillerien geblendet, während in Irland alle im Blend enthaltenen Whiskys aus der gleichen Destillerie stammen. Ein irisches Sprichwort sagt: „Die Kunst liegt im Brennen und nicht im Blending".

Bourbon

Bourbon, der seinen Namen vom ursprünglichen Mais-Whiskey aus Bourbon County, Kentucky, hat, kann überall in den USA gebrannt werden, aber nur Kentucky darf

Oben links: „Nosing" einer Scotch-Whisky-Probe.

Oben rechts: Blendmeister prüft einen American Whiskey.

Links: Cardhu Distillery in Knockando, gegründet 1872.

seinen Namen auf das Etikett setzen. Bourbon muss aus einer Maische mit mindestens 51 % und höchstens 79 % Mais gebrannt werden. sowie aus anderem Getreide wie gemälzte Gerste, Roggen und Weizen. Bourbon wird kontinuierlich gebrannt und muss mindestens zwei Jahre in neuen Eichenfässern gelagert werden, die innen angekohlt sind, weil dadurch der natürliche Zucker der Eiche karamelisiert wird. Durch dieses Holz erhält Bourbon seine Farbe und Geschmack.

Andere Amerikanische Whiskeys

Tennessee Whiskey ist dem Bourbon sehr ähnlich, jedoch einem separaten Verfahren unterworfen, das zwischen Destillation und Lagerung stattfindet – das „Mellowing". Der Weingeist wird bei Filterung durch Ahorn-Holzkohle gemildert. Diese Holzkohle wird aus Brettern des Zuckerahorn hergestellt, die ein Jahr gelagert und in sorgsam aufgeschichteten Stapeln unter freiem Himmel verbrannt werden. Sie wird gemahlen und in die „Milderungs"-Bottiche gefüllt.

American Corn Whiskey ist eine spezielle Variante des Bourbon mit mindestens 80 % Mais und gelagert in ausgekohlten oder bereits verwendeten Fässern. American Rye Whiskey besteht aus mindestens 51 % Roggen, gelagert in neu ausgekohlten Fässern.

Canadian Whisky

Die kanadischen Vorschriften fordern keinen Mindestgehalt einer Getreidesorte, die Stärke des destillierten Whiskys oder die Art der zur Reifung benutzten Fässer, sondern verlangen neben einer Mindestlagerzeit von drei Jahren hauptsächlich, dass Canadian Whisky über „Aroma, Geschmack und Charakter verfügt, die kanadischem Whisky gemeinhin zugeschrieben werden".

In Kanada gibt es zwei Blendverfahren. Bei der herkömmlichen Methode des „Post-Blending" werden reife Whiskys verschiedener Charaktere geblendet, während das „Pre-Blending", welches beim Canadian Club angewendet wird, vor der Lagerung der Whiskys geschieht. Die Whiskys reifen in Bourbonfässern, die manchmal noch einmal angekohlt werden, um verschiedene Nuancen des „Holzaromas" zu erzeugen.

OBEN: Verbrennen der Holzstapel für das „Mellowing" von Tennessee Whiskey.

LINKS: Abfüllen von Evan Williams in der Heaven Hill Distillery.

RECHTS: Pot Stills in einer Suntory-Destillerie in Japan.

SCOTCH WHISKY

Schottland produziert herausragende Malts, Grains und Blended Whiskys. Diese einzelnen Whiskystile bieten den Brennereien verschiedene Möglichkeiten und Herausforderungen.

Scotch Grain Whiskys sind in Geschmack und Aroma milder als Malt Whiskys und werden weniger durch geographische Faktoren beeinflußt. Werden sie mit Malt Whiskys kombiniert, verleihen sie dem Blend Kraft und Feinheit. Malt Whiskys variieren bedeutend und werden nach der Region, aus der sie stammen, klassifiziert.

Es gibt vier Gebiete, in denen Malt gebrannt wird, und jede bringt Whiskys mit ausgeprägten Eigenschaften hervor.

Lowland Malt Whiskys entstehen im Süden Schottlands und sind allgemein die mildesten Scotch Malts. Die Highland Malts aus dem Norden bieten eine Palette robuster Geschmacksstile und Aromen. Speyside Malt Whiskys kommen ebenfalls aus den Highlands. Durch die klimatischen Bedingungen dieser Region entstehen Whiskys von erkennbarem Charakter, die von Kennern als die feinsten gerühmt werden. Fast die Hälfte der schottischen Destillerien sind hier angesiedelt. Islay Malts von der Insel Islay sind die kraftvollsten Malts mit einem deutlichen Torfgeschmack.

Die Geschichte des Scotch Whisky ist untrennbar mit der schottischen Kultur verbunden, so verlangen verschiedene Traditionen die Gegenwart von ein oder zwei Gläsern Whisky. Eine bedeutende Feierlichkeit ist das „First Footing“ zum Neujahrstag: Die erste Person, die ein Haus betritt, soll ein großgewachsener Fremder sein, der ein Stück Kohle trägt (zur Abwehr der Kälte) und ein Glas Whisky, um das neue Jahr zu begrüßen.

OBEN: Die dramatische Suilven-Landschaft mit den natürlichen Ressourcen, für die Schottland berühmt ist.

LINKS: Glen Ord, einer der vielen edlen Scotch Malt Whiskys.

RECHTS: William Grant, dessen Name einen berühmten Scotch Whisky ziert.

Whisky ist auch eng mit der Geschichte der Clans und ihrer Dudelsackspieler verbunden. Schottische Armeen wurden traditionell von Dudelsackspielern angeführt, um die Soldaten anzuspornen und den Feind zu erschrecken. In Anerkennung seines Mutes wurde ein Schluck feinsten Whiskys für den „Piper" reserviert, eine Tradition, die noch bei vielen Zusammenkünften in den Highlands beachtet wird.

Am heldenhaftesten waren schottische Dudelsackspieler 1715 und 1745 als Anführer der Jakobitenaufstände. Diese erfolglosen Versuche, die Stuarts wieder auf den englischen Thron zu bringen, kulminierten in der Erhebung von 1745, die von Bonnie Prince Charlie, dem Enkel des letzten Stuarts, angeführt wurde. Mit 100 Dudelsackspielern an der Spitze seiner Armee marschierte er gen Süden. Nach anfänglichen Erfolgen zogen sich die Highlander nach Schottland zurück, wohin die Engländer ihnen folgten. Dort fand 1746 die Schlacht von Culloden statt. Seagram produziert einen Scotch Whisky namens „100 Pipers" zur Huldigung ihres Mutes.

Oben: Eine frühe Dewar's-Werbung zeigt eine lustige Trinkszene.

Links: Dudelsackspieler.

Einer schottischen Legende zufolge kann man, trinkt man einen guten Scotch Whisky, einen Dudelsack spielen hören. Ist der Whisky mild, hört man zwei; drei oder vier, wenn er weich ist, und wenn er sanft ist, fünf oder sechs. Hört man aber 100 Dudelsackspieler, muß es wirklich ein außerordentlicher Whisky sein.

Robert Burns

Robert Burns (1759–96), Schottlands Nationaldichter, war auch ein Verehrer des schottischen Nationalgetränks. Geboren wurde er in einer Bauernfamilie in Alloway, einem Dorf am Fluß Doon. Die Härte seines frühen Landlebens, das für Burns unerträglich war, und Ausbrüche unerwiderter Liebe trieben ihn zur Poesie. Er schuf Balladen, satirische Verse und Lieder wie „Auld Lang Syne" in schottischem und englischem Dialekt. Sein Interesse an schottischen Volksliedern ließ zahlreiche Gedichte entstehen, die zu schottischen Weisen gesungen werden. Dies machte ihn bei der schottischen Aristokratie und in literarischen Kreisen beliebt. Er blieb jedoch zeitlebens ein Bauer, mit Freude an einfachen Dingen, was aber auch ein schwieriges Leben mit geringer Entlohnung bedeutete. 1788 wurde Burns Steuereinnehmer, um die finanziellen Verluste seiner Farm auszugleichen, und sein früher Tod wird der Schwere seiner arbeitsamen Jugend zugeschrieben.

Für ein Bobby Burns Cocktail verrühren Sie je 20 ml/4 TL Scotch Whisky, trockenen Wermut, roten Wermut und einen Schuss Benedictine. Geben Sie Eis und eine Maraschinokirsche hinzu.

SCHOTTISCHE DESTILLERIEN

Zahlreiche Destillerien, viele davon in historischen Gebäuden und spekta-kulärer Landschaft, stehen für Besucher offen. Eine ideale Reise für Malt-Whisky-Liebhaber ist der Malt Whisky Trail, der entlang des Flusses Spey, in den Ausläufern der Grampians in der Region Speyside verläuft. Klima und Geologie Speysides sind zur Herstellung von Malt Whisky ideal, und so wundert es nicht, dass fast die Hälfte der schottischen Destillerien in diesem Gebiet liegen. Viele sind der Öffentlichkeit zugänglich und bieten Besucherzentren und Geschäfte.

Der Trail führt auch zur Cardhu Distillery in Knockando, der einzigen Brennerei, die von einer Frau geführt wurde. Whisky reift hier mindestens zwölf Jahre in Eichenfässern. Die Glenfiddich Distillery, Dufftown, ist aus dem Jahre 1887 und die Heimat des berühmten Malts mit gleichem Namen, dem einzigen Highland Malt Whisky, der in der Brennerei abgefüllt wird.

1786 wurde Strathisla in Keith erbaut, die älteste noch arbeitende Destillerie in den Highlands, deren Malt einen Kernbestandteil von Chivas Regal bildet.

The Glenlivet war die erste Destillerie, die 1824 eine Lizenz erhielt, und brennt den gleichnamigen 12-jährigen Malt. Auch die Dallas Dhu Distillery in Forres liegt am Trail. Sie war die letzte Destillerie, die im 19. Jahrhundert erbaut wurde.

Viele Destillerien auf dem Trail sind für ihre Architektur berühmt. Die Glen Grant Distillery in Speyside mit ihrem schönen Garten wurde 1840 von den Brüdern James und John Grant gegründet. Ihr Nachfahre James Grand legte 1886 einen Garten im geschützten Tal hinter der Destillerie an, dessen natürliche Schönheit Charme und rauhe Herrlichkeit der schottischen Highlands wiederspiegelt.

Grant führte bald den Brauch ein, Gäste zu einem Spaziergang durch die Obstgärten und am Lilienteich vorbei zum Wasserfall einzuladen, wo der Glen Grant (örtlich als Back Burn bekannt) durch eine Schlucht fließt. Auf einem Steg konnten sie ein Glas Glen Grant genießen, der in einem

OBEN: Ein früheres Etikett der Glenlivet Distillery.

LINKS: Die Glenlivet Distillery, Dufftown.

RECHTS: Ein Etikett für Dallas Dhu.

Whiskysafe in einem Felsen aufbewahrt wurde und mit frischem Wasser aus dem Back Burn veredelt werden konnte.

LINKS: Die Cardhu Distillery.

UNTEN LINKS UND OBEN RECHTS: Die Glen Grant Distillery und eine Flasche Glen Grant.

SCOTCH WHISKY-LIKÖRE

Drambuie ist Schottlands berühmtester Likör, eine Mischung aus Malt und Grain Whiskys mit köstlichem Heidekrautaroma, Honig und Gewürzen. Sein Name stammt vom gälischen „an dram buidheach", das "der Schluck, der zufrieden macht" bedeutet.

Auch Glayva ist se' ' liebt und Drambui Geschmack ähnlich, ab einem Zusatz von Ora schale, die ihn bedeute fruchtiger macht. Glayva ist Bestandteil de Cocktails Saracen, der auf den schottische Edelmann Borthwick zurückgeht, welche das Herz von Robert the Bruce zurück nac Schottland brachte. Als Vergeltung brachte e auch den Kopf eines Sarazenen der Gruppe die Robert the Bruce in der Schlacht tötete.

Malt Whisky Leitfaden

Der folgende Leitfaden beschreibt die charakteristischen Merkmale einer Auswahl von Malt Whiskys, die in Schottland hergestellt werden.

Aberlour 10 years old

Der gälische Name der berühmten Aberlour Glenlivet Distillery im Herzen von Speyside (gegr. 1879) bedeutet „die Mündung des murmelnden Baches“. Dieser Malt ist harmonisch, mit feinen Aromen von Muskat und Zimt sowie Spuren von Herbstfrüchten im Geschmack.

Benriach 10 years old

Benriach ist eine der wenigen Destillerien, die ihr eigenes Malz noch über Torffeuer trocknet. Dieser Whisky hat ein mittelschweres Aroma und doch reichen und komplexen Geschmack nach Korinthen und Torf, der trockener und subtiler nachklingt.

Benromach 12 years old

Dieser Speyside Malt wird nach der Stilllegung zu Beginn des Jahrhunderts heute wieder abgefüllt. Er ist fruchtig in der Nase, mit Schokoladen- und Toffeespuren, leichtem Körper, dem Geschmack trockener Früchte und Zimt sowie einem reinen, leichten Finish.

Bowmore Legend

Dieser Whisky stammt von der Inneren Hebriden Insel Islay, wo die Destillerie 1779 an der Küste des Loch Indaal gegründet wurde. Der Malt ist torfig mit einem Hauch Seetang und Geranie in der Nase, rauchigen Spuren auf dem Gaumen sowie Seetang mit Limonadensüße im Finish.

Bowmore 12 years old
zeigt Zitrone und Meersalz in der Nase, gefolgt von Spuren von Zartbitter und Birnen am Gaumen und einem schönen, rauchigen Seegeschmack mit einem Hauch Heidekrauthonig, der angenehm nachklingt.

Bunnahabhain 12 years old
Gesprochen „bunahejwen“, gälisch für „Mündung des Flusses“. Dieser Islay Malt mit frischer Nase und leichtem Körper ist außerordentlich weich, mit Torfspuren und fruchtigem Finish.

Caol Ila 15 years old
Dieser Islay Malt mit stark torfiger Nase schmiegt sich außergewöhnlich ölig an den Gaumen und entfaltet Eichigkeit mit Torf- und Zartbitternoten. Ein Whisky, der mit einem vollen Körper trotzdem Feinheit zeigt.

Cardhu
aus der einzigen Malt-Whisky-Destillerie, die von einer Frau geführt wurde: Elizabeth Cumming übernahm die Brennerei im Jahre 1872. Er ist außerordentlich zart, seidig und weich.

Cragganmore
12 years old
Die Cragganmore Distillery wurde 1869 aus dem Grünstein des Craggan Mor Hill errichtet. Sie war die erste Brennerei, die ihren Whisky mit Dampf-Lokomotiven transportierte. Der Malt ist malzig und leicht rauchig, mit einem After-Dinner-Stil.

DALWHINNIE 15 YEARS OLD

Dalwhinnie ist ein gälisches Wort, das „der Treffpunkt", bedeutet, was zu einer Destillerie passt, die hoch in den wilden, vom Wind gepeitschten Hochmooren der Grampians in den nördlichen Highlands liegt, wo sie 1898 erbaut wurde. Mit einer Höhe von 327 m über dem Meeresspiegel ist sie die höchste Destillerie. Der Whisky hat ein süßes, fruchtiges Aroma, ist leicht, mit einem feinen, erikahaltigen Finish.

THE EDRADOUR 10 YEARS OLD

Die Edradour Distillery ist die kleinste in Schottland, mit einem wöchentlichen

Ausstoß um 2700 Liter. Der Malt ist leicht süß in der Nase, reich und weich am Gaumen.

GLENFIDDICH

Glenfiddich heißt im Gälischen „Tal des Hirsches", was sich auf das Gebiet in der Nähe von Dufftown bezieht, wo sich die Destillerie befindet. Er ist eine der weltweit meistgefeierten Marken und beeindruckt durch seine leichte, goldene Farbe und Reinheit im Geschmack.

GLENFIDDICH EXCELLENCE 18 YEARS OLD

Dies ist ein reicher, weicher Whisky, der in Oloroso Sherryfässern gereift ist. Die resultierende Süße wird durch Eichigkeit und ein lange nachklingendes eichiges Finish perfekt ausbalanciert.

GLEN GRANT

Gebrannt seit 1840, gibt dieser Speyside Malt einen reinen, leicht trockenen Geschmack, der sich zu einem besonderen, mild fruchtigen Finish ausweitet.

GLENKINCHIE 10 YEARS OLD

Die Glenkinchie Distillery, gegründet 1837, brennt einen der rauchigsten Lowland Malts mit einer leichten, feinen Nase, einer besonderen Weichheit und einem leicht trockenen Finish.

The Glenlivet

Seit 1824 brennt die Glenlivet Distillery diesen bekannten Malt. Seine Nase ist üppig und blumig, der Gaumen zart und leicht rauchig, mit einem feinen, runden Geschmack.

Glenmorangie

Die Glenmorangie Distillery war unter den ersten, die 1843, während der Blütezeit des Schwarzbrennens lizensiert wurde. Gereift für mindestens zehn Jahre in Bourbonfässern aus wilder Eiche hat er einen weichen, abgerundeten Geschmack und ein zart parfümiertes Bouquet.

Glen Ord 12 years old

stammt aus der einzigen Destillerie auf der Black Isle Peninsula nördlich von Inverness, die 1838 errichtet wurde. Ungewöhnlich ist die Herstellung mit Wasser aus zwei Quellen: aus vom Regenwasser gespeisten Seen und Grundwasserquellen. Man sagt, er komme von „Himmel und Erde“. Sherryfässer aus Eiche geben den sanften und reichen, malzigen Geschmack.

Glenrothes

Die Glenrothes Distillery im Herzen von Speyside wurde 1879 gegründet. Sie verfügt über eine Reihe von Jahrgangmalts, darunter den 1979er mit einem vollen, seidenweichen Aroma, Spuren von Lakritz und Gewürzen, getrockneten Früchten und Torf.

Highland Park 12 years old

kommt von der Insel Orkney aus der nördlichsten Scotch-Whisky-Destillerie, die 1798 gegründet wurde. Er hat eine runde, rauchige Süße und ein malziges, weiches Finish mit dem Aroma von Heidekraut.

Knockando

Der Name ist vom gälischen „cnock-an-dhu“ (kleiner schwarzer Hügel) abgeleitet. Ein klassischer Speyside Malt: komplex, delikat und fruchtig.

Lagavulin 16 years old

Die Destillerie wure 1816 auf der Hebrideninsel Islay gegründet. Der Whisky ist komplex, von erheblicher Tiefe, mit einem rauchigen Torfgeschmack und seidiger Trockenheit.

Laphroaig 10 years old

Der gälische Name bedeutet „schöne Senke an der breiten Bucht“ und wird „lafroig“ ausgesprochen. Er ist der einzige Whisky, der ein königliches Prä-

dikat des Prinzen von Wales erhielt. Die Destillerie wurde 1815 auf Islay errichtet, einer Insel der Inneren Hebriden. Gelagert in Bourbon-Eichenfässern zeigt dieser Malt ein herausragendes Aroma von Torf, Rauch und Seetang. Erhältlich auch in Fassstärke von 57,3 Vol.-% Alk. mit kräftigem Torfgeschmack und Körper.

Loch Dhu 10 years old

Gebrannt am Fuße der Maanochmore „Black Hills“ in den nördlichen Highlands, erhält dieser „schwarze“ Whisky seine Farbe durch speziell ausgewähle Eichenfässer, die nochmals angekohlt werden, und eine ausgedehnte Reifezeit. Er ist samtig weich mit einem Aroma von Pfefferminztoffees. Sein Geschmack ist außergewöhnlich weich, sein leichter Körper hat warme würzige Aromen und intensive Kräuternoten.

Longmorn 15 years old

Die Longmorn Distillery wurde im Jahre 1894 von John Duff gegründet. Dieser Malt Whisky vereint Eleganz und ein duftendes Bouquet mit vollem Körper und nachklingender leichter Süße. 1994 erhielt dieser hoch geschätzte Single Malt die renommierte Goldmedaille der International Wine und Spirits Awards in London.

The Macallan 10 years old

Dies ist ein Speyside Whisky mit Anklängen von Mandeln, Birnen, Heidekraut und Sherry. Er ist sehr weich am Gaumen, mit dem Geschmack von Sherry und Holz, leichter Süße und einem ausgewogenen Geschmack.

The Macallan 18 years old

In der Nase zeigt dieser Malt eine honigweiche, weinartige Süße, mit einem Hauch von Mandeln, Birnen und Heidekraut, mit einem nachdrücklichen Sherrycharakter und langem, eichigem Finish und hervorragendem Malzgeschmack.

The Macallan 25 years old

Ein Malt mit Heidekraut- und Honignoten und ausgesprochen süßer, berauschender Nase. Er ist reich und voll am Gaumen, elegant und körperreich. Das nachklingende Finish ist äußerst weich, mit wunderbar seidiger Komplexität.

Mortlach 16 years old

Dieser Speyside Whisky ist komplex und elegant, mit Sherry- und rauchigen Torftönen. Ein idealer Digestif.

Oban 14 years old

Oban ist ein Hafen an der Westküste der Highlands, der schon in der Steinzeit existierte. Die Destillerie ist eine der ältesten und ent-

stand 1794, noch vor der sie heute umgebenden Stadt. Dieser Single Malt ist schön strukturiert, mit frischen, feinen Anklängen von Torf und langem, zartem Finish.

Poit Dhubh Fine Gaelic Malt Whisky

Gesprochen „pot dju", das „schwarzer Topf" (Schwarzbrennerei) bedeutet. Er reift teilweise in Sherryfässern, hat ein robustes Aroma und torfige Noten.

The Singleton of Auchroisk

Reines, weiches Wasser macht diesen Malt außergewöhnlich sanft, mit einem zarten Geschmack und kräftiger Farbe, die durch Reifung in Eichen- und Sherryfässern entsteht.

Talisker 10 years old

Talisker ist die einzige Destillerie auf der Insel Skye, die für ihre schöne und dramatische Landschaft berühmt ist. Auch J.M.W. Turner huldigte ihr in einem Gemälde vom Loch Coruisk. Der Malt ist gut ausbalanciert, mit leicht süßem, intensivem Aroma und deutlichem Torfgeschmack, der auf der Zunge explodiert und nachklingt. Ideal für Liebhaber eines „marinen" Charakters.

Blended Scotch Whisky

Ballantine's Finest

Die weichen, tiefen, eleganten Aromen dieses Blends lassen Heidekraut und Honig sowie Gewürznoten erkennen. Sein Geschmack ist rund, tief und ausgewogen, mit zarten Anklängen von Schokolade, roten Äpfeln und Vanille.

Bell's Extra Special 8 years old

Die Mehrheit der 35 Malt und Grain Whiskys in diesem Blend stammt aus Destillerien im Besitz von United Distiller's, darunter Oban, Caol Ila, Dufftown und Glenkinchie, die ihm Komplexität und intensiven Geschmack verleihen.

Black & White

Die Grundwhiskys sind Dalwhinnie, Clynelish und Glendullan. Der Geschmack ist ultramild und weich.

Burberry's 12 years old

Dieser Blend wurde für Thomas Burberry (1835–1926) kreiert, den Gründer des bekannten Burberry's Modehauses. Ursprünglich verschenkte er

diesen Blend an seine Gäste, die zur Jagd in den schottischen Highlands weilten. Er ist körperreich, süß und blumig mit einem Anklang von Torf. Der 15-jährige Malt hat einen vollen Körper, mit einem Hauch von Gewürz, Eiche und einem rauchigen Finish.

Chivas Regal 12 years old

Die Chivas-Story begann 1801 mit einem Geschäft in Aberdeen. Bereits 1843 erhielt das Unternehmen das erste königliche Prädikat von Queen Victoria. 1891 kreierten die Gebrüder Chivas den Chivas Regal Blend, dem King George V. 1923 ein königliches Prädikat verlieh. Den Kern des Blends bildet Strathisla Malt Whisky. Er ist fein und zart mit anhaltendem Finish. Unter den mehr als 30 anderen Malts sind Glenlivet, Longmorn und Glen Grant. Das Resultat ist eine leichte Rauchigkeit mit Malz und zarter Süße.

Chivas Regal Special Reserve 15 years old

Dies ist ein hochklassiger Blend, dessen Auflage limitiert ist. Er ist reich, voll und komplex, mit feiner Frucht und weicher Süße, die im Finish zart nachklingt.

Clan Campbell

Dieser Blend wurde nach der Campbell-Familie benannt, deren Geschichte bis auf das Jahr 1266 zurückgeht und die als einer der größten alten Clans eine bedeutende Rolle in der schottischen Geschichte zukommt. Die Nase dieses Blend wird dominiert von Fruchtigkeit und rauchigen Noten. Er hat einen mittelstarken Körper und ein reines und leichtes, erfrischendes Finish.

Cutty Sark

Benannt nach dem historischen Segelschiff „The Cutty Sark“, das in Greenwich, London, vertäut liegt. Dieser Whisky wird mindestens vier Jahre gelagert, ist weich und rein, er hat ein feines, blumiges Aroma.

Dak’s

Diesen „Designer-Whisky“ gibt es in drei Arten. Der 12-jährige ist von weichem, rundem Geschmack, der 17-jährige reich, mit anhaltendem Nachgeschmack. Der 25-jährige ist ausgereift, extrem füllig und weich, mit nachhaltigem Geschmack.

Dewar’s White Label

ist gut ausbalanciert mit mittlerem bis vollem Körper. Ein Hauch Rauchigkeit im Aroma wird gefolgt von malziger Süße, delikatem rauchigen Geschmack mit einem reinen, trockenen Finish.

Dimple 15 years old

Die Familie Haig nahm den Brennbetrieb 1627 auf und baute 1824 ihre erste kommerzielle Destillerie. Der Dimple Blend wurde um 1890 kreiert und hatte einen so großen Erfolg, dass Haig 1908 ein königliches Prädikat von Edward VII. erhielt. Der Whisky ist mild und von rauchig torfigem Aroma.

Alfred Dunhill Gentleman’s Speyside Blend

besteht zu rund 85 % aus Speyside Malts, die ihm ein rundes, fruchtiges Aroma mit einem Hauch Torfigkeit verleihen, der aus Islay Malts stammt. Sein Geschmack ist reich, fruchtig, mit weichem Nachklang.

Alfred Dunhill Old Master Finest

Dieser vornehme Blend ist eine Komposition aus mehr als 30 Malt und Grain Whiskys, von denen einige älter als 20 Jahre sind. Das Ergebnis ist eine ausgewogene fruchtige Nase, ein reicher und fruchtiger Geschmack von beachtlicher Weiche und ein anhaltendes Finish.

William Grant’s Family Reserve

Ein weiterer geschätzter Whisky aus dem Hause des weithin bekannten Glenfiddich Malts, wo William Grant zu Weihnachten 1887 seinen ersten Whisky brannte. Er enthält feine Malt und Grain Whiskys und hat ein feines, zartes und weiches Aroma.

The Famous Grouse

Das Wort „famous“ wurde dem Namen wegen der Beliebtheit dieses Blends hinzugefügt. Er ist mild, zart torfig und rund mit einer leichten Trockenheit, die seine Komplexität unterstreicht.

The Famous Grouse Gold Reserve

Dieser 12-jährige Deluxe-Blend hat ein reiches, volles Aroma mit ausgewogenen Eichentönen, einem Hauch Pfirsich, reicher, seidiger Fruchtigkeit und Eiche.

J&B Rare

aus den feinsten Speyside Malts ist ultra-mild und perfekt ausbalanciert, mit feinem und blumigem Aroma und Geschmack.

J&B Reserve 15 years old

Der hohe Anteil an Malt wird durch Grain Whiskys abgerundet. Mild, blumig und fein im Geschmack.

Johnnie Walker Red Label

Enthält fast 35 Malt und Grain Whiskys. Seine frischen Aromen beinhalten Vanilletöne und kräfig rauchiges Malz, mit Gewürznoten. Sein voller Körper entwickelt eine schöne Wärme.

Johnnie Walker Black Label

Der weltweit führende 12-jährige Deluxe Blend besteht aus mehr als 40 Malts und Grain Whiskys, die ihm seinen tiefen und komplexen Geschmack verleihen, welcher reich und mild eine Fülle von Aromen aufweist, die am Gaumen nachklingen und den hohen Anteil kräftiger Islay Malts reflektieren.

Passport

wurde 1965 in seiner charakter-istischen grünen Flasche als Blend für den modernen Geschmack eingeführt. Er ist eine Kreation aus einem hohen Anteil Highland Malts mit leichteren, süßeren Lowland Whiskys zu einem eleganten, ausgewogenen Blend.

Royal Salute 21 years old

Entstand 1953 zum Andenken an die Krönung von Queen Elizabeth II. aus ausgewählten, seltenen Whiskys, die ihm Charakter und Feinheit verleihen. Der elegante und feine Glenlivet, der intensive und milde Strathisla, der Glen Grant mit seiner trockenen Fruchtigkeit und das Sherry- -aroma des weichen Longmorn verbinden sich zu einem ausgewogenen Blend mit vollem Körper und mildem, süßlichen Nachklang. Er ist in Keramikdekantern in drei Ausführungen erhältlich: Royal Blue, Royal Red und Royal Green.

Seagram's 100 Pipers

Dieser Blend ist reich an Speyside Malts, die einen Blend von mittlerem Körper und leicht süßem Finish ergeben.

Té Bheag

Der Name wird „tschei weg", ausgesprochen, was auf gälisch „kleine Dame" bedeutet. Weich und leicht getorft hat dieser Blend einen hohen Maltanteil, darunter üppige alte Whiskys und erhält seinen Sherryton von den Fässern, in denen diese reiften.

Teacher's Highland Cream

Mit einem der höchsten Anteile an Malt Whiskys unter den Blends zeigt er Tiefe, Kraft und echten Charakter. Sein Namenspatron William Teacher war Mitte des 19. Jh. ein anerkannter Blendmeister. Highland Cream ist einer seiner erfolgreichsten Blends.

Vat 69

Das Originalrezept wurde 1882 von William Sanderson, Gründer des House of Sanderson, eines großen Scotch-Whisky-

Hauses, entwickelt. Aus den über 100 Whiskys, die Sanderson zusammenstellte, wählte eine Gruppe von Freunden und Experten den Blend aus Fass (engl. vat) Nr. 69 als den bestschmeckenden Whisky, was zu seinem Namen führte. Die grünen Glasflaschen zeigen das von Queen Elizabeth II. verliehene königliche Prädikat zum Verkauf von Scotch Whisky. Der Blend basiert auf dem Malt der Aultmore Distillery in Grampian, einem für sein charakteristisches Fruchtaroma beliebten Whiskys. Das Aroma seiner Fässer gibt dem Blend seinen süßen, runden Geschmack.

White Horse

1816 wurde die Lagavulin Distillery auf der Insel Islay errichtet, wo ursprünglich viele Schwarzbrennereien gab. Dieser besondere Blend wurde nach der berühmten White Horse Tavern in Edinburghs elegantem Canongate-Bezirk benannt. Ein weißes Pferd gilt als Symbol für Freiheit und Unabhängigkeit. Der Blend wurde 1890 kreiert und enthält mehr als 35 Malt Whiskys, darunter den rauchigen und torfigen Lagavulin und die weichen Glen Elgin und Craigellachie.

Irish Whiskey

Whiskey aus Dublin wurde in Irland schon immer am meisten gerühmt. Im 18. Jh., als Dublin eine der bedeutendsten Städte des britischen Weltreiches war, wurden in der Stadt viele Destillerien gegründet. Eine der gefeiertsten Persönlichkeiten in der Geschichte des Irish Whiskey ist John Jameson, der 1780 seine Destillerie und gleichnamige Marke in Dublin erschuf.

Während diese Marke erfolgreich exportiert wurde, eroberte der langzeitige Rivale Power's Gold Label den Heimatmarkt. James Power gründete seine Destillerie in Dublin 1791 und wurde 1817 von seinem Sohn abgelöst, der Sir John Power, der höchste Verwaltungsbeamte Dublins wurde. 1886 war Power's eine der ersten Marken, die Flaschenabfüllung einführte. 1891, zum 100-jährigen Bestehen der Destillerie, wurde Power's in großem Umfang exportiert. Zwei Jahre später wurde er sogar auf der Weltausstellung in Chicago in Form eines riesigen, aus Power's-Flaschen aufgebauten Turmes präsentiert.

Eine schillernde Persönlichkeit war Paddy Flaherty, ein Kaufmann für die Cork Distilleries Company in dem Gebiet von Munster in den Jahren 1920–30. Ihm oblag die schwierige Aufgabe, den Cork Distilleries Company Old Irish Whiskey auf einem Markt zu etablieren, der von Power's dominiert wurde. Mit seinem Fahrrad fuhr Paddy in vielen Städten von Pub zu Pub, wo sein Erscheinen von großer Aufregung begleitet war, denn er war als großzügig bekannt und spendierte oft Drinks für jeden im Pub.

Oben: Blick auf Irlands üppige, grüne Landschaft.

Links: Frühe Gravierung der Midleton Distillery.

Rechts: Label für Paddy Whiskey.

OBEN: *Das Interieur eines irischen Pubs mit starker Präsenz der Marke Jameson.*

Als Paddys Whiskey beliebter wurde, der Vorrat in den Pubs zur Neige ging und bevor Paddy zur Aufnahme der neuen Bestellung kam, wandten sich die Inhaber direkt an die Destillery, und weil „Cork Distilleries Company Old Irish Whiskey" ziemlich lang ist, bestellten sie einfach „Paddy Flahertys Whiskey". Dieser Name blieb haften, die Destillerie setzte ihn bald auf das Flaschenetikett und änderte später den Markennamen in Paddy.

Die zwei größten irischen Destillerien sind heute die Old Bushmills Distillery in der Grafschaft Antrim, die auch die älteste Destillerie der Welt ist (gegründet 1608) und die Old Midleton in der Grafschaft Cork. Beide sind zur Besichtigung und Whiskeyverkostung geöffnet. Auch die Old Jameson Distillery und das Museum in der Bow Street, Dublin, stehen Besuchern zur Besichtigung offen.

JAMESONS IRISH WHISKEY

John Jameson, eine der berühmtesten Figuren in der Geschichte des Irish Whiskey, gründete 1780 seine Destillerie in der Bow Street in Dublin. Whiskeys aus Dublin wurden im Land als die feinsten geschätzt, und Jamesons Whiskeys waren in Dublin unter den besten, die sich bald wegen ihrer hohen Qualität international etablierten. Sechs Generationen später produzieren die Nachfahren Jamesons noch immer herausragende Whiskeys, wie den 12-jährigen Jameson 1780, der seinem Namen alle Ehre macht.

IM UHRZEIGERSINN VON OBEN: *Ein Bildnis John Jamesons, eine Flasche mit seinem Namen und ein frühes Foto, welches das Aufladen von Fässern vor der Old Jameson Distillery zeigt.*

Irish Pubs

Pubs waren schon immer bedeutende Wahrzeichen Irlands und beherbergten traditionell auch ein Lebensmittelgeschäft und ein Postamt. Auch heute sind sie beliebte Treffpunkte für die Iren, um sich zu unterhalten und gemeinsam zu singen. In vielen Pubs gibt es heute den „snug", einen kleinen Raum für Zusammenkünfte in vertrauter Runde.

Natürlich sind die lokalen Marken stets die beliebtesten Whiskeys, die in Pubs bestellt werden. Traditionell wird Whiskey in Irland mit Wasser serviert, das seinen Geschmack besser zur Entfaltung bringt. Jeder fügt Wasser nach seinem persönlichen Geschmack hinzu, eingedenk des alten irischen Sprichwortes „Stiehl nicht eines andern Mannes Frau und gib nie Wasser in eines andern Mannes Whiskey". Whiskey kann jedoch auch pur, auf Eis oder mit Soda getrunken werden.

Ein irischer Pub ist auch der beste Ort für den *craic* (gesprochen „crack"). Dies ist ein irischer Begriff für die gute Stimmung in geselliger Runde, und natürlich trägt auch Irish Whiskey seinen Teil zum *craic* bei.

Im Winter wird in Pubs besonders gern ein „Hot Irish" bestellt. Dafür bestückt man eine halbe Zitronenscheibe mit vier Nelken, gibt sie in ein angewärmtes Glas mit einem Schluck Irish Whiskey und etwas braunem Zucker, übergießt es mit kochendem Wasser und fügt eine Prise Zimt für einen noch intensiveren Geschmack hinzu.

Irish-Whiskey-Liköre

Es ist keine Überraschung, dass die Welt eine Leidenschaft für Irish-Cream-Liköre entwickelt hat – sie sind eine wunderbare Art, Irish Whiskey zu genießen. Seit ihrer Einführung Mitte der 70-er Jahre waren Irish-Cream-Liköre ein überragender Erfolg. Baileys ist heute die weltweit führende Likörmarke, die eine ungeheure Menge Sahne verbraucht, und zwar nicht weniger als 33 % der gesamten Milchproduktion Irlands. Die Milch wird zu Sahne verarbeitet und dann u. a. mit Irish Whiskey gemischt. Servieren Sie ihn pur oder auf Eis.

Irish Whiskey Leitfaden

Der folgende Leitfaden beschreibt die charakteristischen Merkmale einiger Irish Whiskeys.

Black Bush

entsteht in der Bushmills Distillery aus dreifach destillierten Whiskys, die bis zu 18 Jahren in Eichenfässern, größtenteils gebrauchten Sherryfässern, gelagert wurden. Der reife Single Malt, der rund 80 % des Blends ausmacht, wird mit Single Grain Irish Whiskey kombiniert, welcher ihm eine reiche Milde verleiht. Er hat eine würzige Nase mit malzigen und nussigen Sherrynoten, ist reich und komplex am Gaumen, rund und süßlich, mit einem satten Finish.

Bushmills

Der enthaltene Malt Whiskey lagerte 10 Jahre und wurde mit einem leichteren Grain Whiskey geblendet. Er ist extrem weich und süß, mit trockenem Finish.

Bushmills Malt

ist einer der wenigen Irish Single Malts. Seine Wasserquelle ist St. Columb's Rill, der über Basalt fließt und dem Whiskey seinen eigenen Charakter verleiht. Zehn Jahre in gebrauchten Bourbonfässern aus amerikanischer Eiche gelagert, ist er von sehr klarem Aroma mit einer Balance zwischen reinem Malt und feiner Holzreifung. Er hat Untertöne von Oloroso-Sherry, Vanille und Honig in der Nase, einen malzigen Gaumen mit der fruchtigen Süße von Äpfeln und Bananen, mit einem langen, trockenen, weichen Finish aus Eiche und Getreide.

Crested Ten

Ein körpervoller, reicher Whiskey, der über zehn Jahre in Oloroso-Sherryfässern reift und mit jüngeren Grain Whiskys geblendet wird. Am Gaumen zeigt er kraftvolle Sherrysüße, Kamin, Frucht und Gewürze, mit warmem Nachklang.

JOHN JAMESON

ist der weltweit führende Irish Whiskey, dessen größter Exportmarkt Großbritannien ist. Als dreifach destillierter Whiskey aus Gerste und anderen Getreiden reift er in Eichenfässern, die zuvor Oloroso-Sherry oder Bourbon enthielten. Dadurch entsteht eine außerordentlich milde, zitronige Nase mit süßem, keksartigem Geschmack und holzigem, süßen Charakter.

JAMESON 1780

1780 gründete John Jameson seine Destillerie in Dublin. Diese spezielle Marke wurde 1984 lanciert. Es ist ein außergewöhnlich zarter Whiskey, dreifach destilliert und mindestens 12 Jahre in Eichenfässern gereift. Ein idealer Digestif.

KILBEGGAN

wird in der Kilbeggan Distillery hergestellt, die 1757 ihre Lizenz erhielt. „Kilbeggan" heißt auf gälisch „kleine Kirche". Der Whiskey hat einen ungewohnlich sanften und reichen Geschmack, der eine Harmonie von Grain und Malt Whiskys reflektiert.

MIDLETON VERY RARE

ist ein Whiskey für Kenner. Er kam 1984 auf den Markt und wird als der feinste Irish Whiskey angesehen. Der Malt reift mindestens zehn Jahre (meist 12 bis 20 Jahre). Jedes Jahr wird nur eine kleine Menge abgefüllt, beschriftet mit dem Jahr der Herstellung. Der samtige Geschmack zeigt Anklänge von Malz, Toffee und Muskat.

PADDY

ist ein Whiskey von mittlerem Körper. Er wird aus alten Malt Whiskey, Pot Stills und Grain Whiskey geblendet, die im Bourbonfass gereift sind. Sein Geschmack ist weich und süß.

POWER'S GOLD LABEL

Dies ist ein sehr aromatischer Blend, größtenteils aus Malt Whiskey und leichteren Grain Whiskeys. Er besitzt Gewürz- und Honigtöne, die sich auf dem Gaumen entfalten.

THE TYRCONNELL SINGLE MALT

Dieser Malt wurde bereits 1762 gebrannt und später nach jenem Pferd benannt, welches im Jahre 1876 unverhofft das Rennen der Irish National Produce Stakes gewann. Er hat ein frisches malziges Bouquet, einen süßlichen Geschmack und ein zart trockenes Finish.

American Whiskey

Seit der Einführung des Whiskeys in Amerika durch irische und schot-tische Siedler hat amerikanischer Whiskey seine eigene Palette vielfältiger Eigenschaften entwickelt. Bourbon, der bekanntesteste American Whiskey, entstand gegen Ende des 19. Jahrhunderts in Kentucky.

Als sich der Ruf von Kentuckys verfeinertem Whiskeystil bis New Orleans verbreitete, wurde er als Bourbon bezeichnet, um ihn von anderen Roggenwhiskeys zu unterscheiden. Bourbon-County in Kentucky, von dem er seinen Namen bezieht, wurde nach der französischen Königsfamilie benannt, die im Krieg gegen England ihre Hilfe anbot.

Das Sour-Mash-Verfahren wurde vom Schotten Dr. James Crow 1835 in Kentucky entwickelt. Es war eine sensationelle Innovation, die Jim Crow's Whiskey innerhalb weniger Jahre weltberühmt machte. Dr. Crow, Arzt und Chemiker, verwandte in alle Brennvorgängen für seinen Bourbon die gleiche Hefekultur. Das verbesserte seinen Geschmack und machte ihn beständiger. Beim Sour Mash wird jeder Gärungsvorgang mit Hefe aus der Maische der vorigen Gärung eingeleitet. Das Verfahren dauert länger, der Whiskeyertrag ist geringer (und folglich teurer), aber die Feinheit der Aromen und des Geschmacks ergeben einen weichen und vor allem individuelleren Whiskey.

Seinen einzigartigen Charakter verdankt Bourbon auch dem Reifeprozess. Ein typisches Lagerhaus für Bourbon ist ein großes, rechteckiges Gebäude mit acht oder mehr Etagen, Zinndach und -wänden. Jede Etage besteht aus dreistufigen Regalen, von denen jedes eine Reihe Fässer enthält. Die meisten Destillerien bauen ihre Lagerhäuser auf Hügeln, um sie so den wechselnden Jahreszeiten auszusetzen.

Früher wurden die Fässer während der Reifung ständig umgelagert, so dass jedes Fass eine gewisse Zeit unter verschiedenen Temperatur- und Feuchtigkeitsverhältnissen verbrachte und alle Fässer theoretisch gleich schnell reiften. Diese Tradition wird jedoch von weni-

Oben: Typische Szene in Kentucky.

Links: Die Jim Beam Distillery.

George Washington

George Washington, der erste Präsident der USA, destillierte Birnen- und Apfelbrand auf seiner Plantage in Mount Vernon, Virginia, bevor er auch Rye Whiskey herstellte, der so beliebt war, dass er 1798, nach seiner Amtszeit, damit 1.032 $ Gewinn erzielte – zu dieser Zeit eine stattliche Summe.

gen Destillerien fortgesetzt, da sie arbeits-, platzaufwendig und teuer ist.

Vor der Abfüllung wird Bourbon zur Absicherung einer gleichbleibenden Qualität geblendet (von den Einheimischen „mingled“ genannt). Für eine Standardmarke werden bis zu 200 Fässer vermengt. Bei einem spezielleren „Small Batch“ Bourbon sind es nur etwas 20. Das Höchste ist ein „Single Barrel“-Bourbon, der nur einem einzigen Fass entstammt. Dieser Stil reflektiert das Klima des Lagerhauses und sogar die Lage des Fasses im Lagerhaus.

OBEN RECHTS: Cartoon mit einer Szene während der Prohibition (1919–33).

LINKS: Eine Flasche Early Times.

Verschiedene Brennereien in Kentucky empfangen Besucher, z. B. Heaven Hill, Wild Turkey, Ancient Age, Labrot & Graham, Four Roses und die Cascade Distillery. Das Oscar-Getz-Museum für die Geschichte des Whiskeys in Bardstown (der weltweiten Bourbon-Hauptstadt) ist auch Veranstalter des jährlichen Kentucky-Bourbon-Festivals im September.

Die Maker's Mark Distillery in Loretto, Kentucky, die wunderschön restauriert wurde, ist nun ein nationalhistorisches Wahrzeichen und das Quart House wahrscheinlich Amerikas ältestes „Gemischtwarengeschäft“. Seine authentische Restaurierung zeigt die Zeit lange vor der Prohibition, als die Kunden im Laden Quartkrüge mit Whiskey aus dem Fass füllen ließen.

Der Jim Beam American Outpost in Clermont, Kentucky, führt seine Besucher durch den Herstellungsprozeß des Bourbon, von den Zutaten, der Destillation mit Amerikas ältester Brennblase, bis zur Lagerung.

Amerikanische Whiskey-Liköre

Southern Comfort wird als „der große alte Drink des Südens“ bezeichnet und ist eine der berühmtesten amerikanischen Spezialitäten, die in New Orleans um 1860 entstand. Der Barkeeper M. W. Heron entwickelte einen weichen, körperreichen Drink, den er Southern Comfort nannte und dessen Beliebtheit sich bald im gesamten Süden verbreitete. In St. Louis begann Heron, seinen Southern Comfort in versiegelten Flaschen zu verkaufen.

JACK DANIEL'S DISTILLERY

Jack Daniels Karriere begann mit sieben Jahren, als er für Dan Call arbeitete, einen Priester, der auch Whiskey brannte. Sein Interesse am Herstellungsprozess des Whiskeys veranlasste ihn, das Geschäft im jugendlichen Alter von 13 Jahren von Dan Call zu kaufen.

Als sich der Ruhm von Jack Daniels Whiskey verbreitete, benötigte er einen Ort für eine neue Destillerie mit einer guten Wasserquelle. Er fand seine Quelle am Rande von Lynchburg, einer kleinen Gemeinde mit einer großen Kalksteinhöhle (Cave Spring), wo eine Quelle das ganze Jahr frisches Wasser liefert, das frei von Eisen und anderen Verunreinigungen ist, die Whiskey ruinieren können.

Die Destillerie wurde in einem Tal erbaut, das heute Jack Daniel Hollow genannt wird. Als die amerikanische Regierung um 1860 begann, die Whiskeyherstellung gesetzlich zu regeln und zu besteuern, war die Jack Daniel Distillery die erste Brennerei in Amerika, die 1866 eine Lizenz erhielt. Jack war damals 17 Jahre alt. Einer seiner Nachkommen führt heute Miss Mary Bobo's Boarding House in Lynchburg, das 1908 erbaut wurde.

OBEN: Der legendäre Jack Daniel.

UNTEN: Szenen aus der Destillerie (gelagerte Fässer und zwei Angestellte beim Damespiel).

AMERICAN WHISKEY LEITFADEN

Der folgende Leitfaden beschreibt die Merkmale einiger Whiskeys, die in den USA hergestellt werden.

JIM BEAM WHITE LABEL KENTUCKY BOURBON

Jacob Beam gründete die Jim Beam Distillery 1795, und sein Enkel James Beam trat dem Geschäft 1880 bei. Dieser Bourbon hat ein elegantes blumiges Aroma mit Holznoten und einen leichten, zarten Geschmack.

BLANTON'S KENTUCKY BOURBON

Dieser Single Barrel Bourbon trägt keine Altersangabe, weil die einzelnen Fässer den Höhepunkt ihrer Reife zu verschiedenen Zeiten erreichen. Er hat einen reichen Geschmack mit ausgewogener Süße.

BOOKER NOE'S KENTUCKY BOURBON

Booker Noe, der Enkel von James Beam, ist Brennmeister in der Jim Beam Distillery. Ein hervorragender 8-jähriger Bourbon in limitierter Auflage.

EARLY TIMES KENTUCKY BOURBON

Dieser Bourbon wird in einer Destillerie gebrannt, die 1860 gegründet wurde. Er ist ein Deluxe-Whiskey mit weichem und reifem Geschmack.

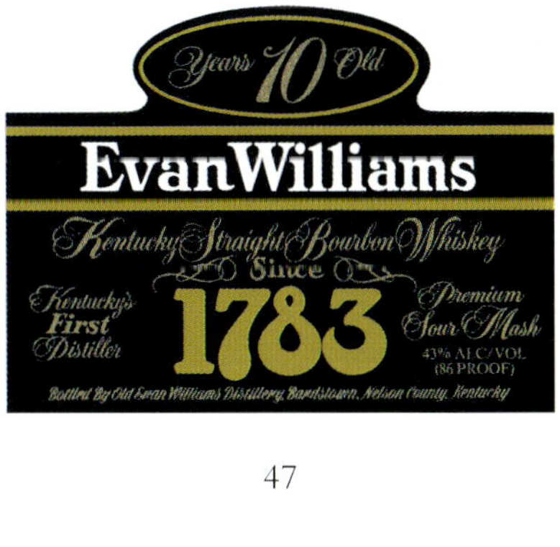

ELIJAH CRAIG 18 YEARS OLD SINGLE BARREL KENTUCKY BOURBON

Als 18-jähriger Single Barrel eine Rarität von besonderem, üppigem Geschmack.

EVAN WILLIAMS KENTUCKY BOURBON

Dieser Sour-Mash-Bourbon wird durch Holzkohle gefiltert. Er entsteht in der 1783 gegründeten Heaven Hill Distillery in Bardstown, einem Gebiet, das heute den Spitznamen Bourbonville trägt.

EVAN WILLIAMS SINGLE BARREL KENTUCKY BOURBON

Der erste Jahrgangs-Single-Barrel-Bourbon, mit perfekt ausbalanciertem mildem, weichem und reifem Stil und komplexen Aromen. Die traditionellen Kupfer-Stills, die brennereieigene natürliche Hefekultur und die Reifung in den Lagerhäusern mit offenen Regalen erzeugen den außerordentlichen Geschmack.

Forester 1870 Bourbon

1870 war dies der erste Bourbon in den USA, der in Flaschen abgefüllt wurde. Er ist besonders aromatisch, zart und reich.

Four Roses Single Barrel Reserve Kentucky Bourbon

Die Maische enthält ungefähr 60 % Mais, und der Whiskey reift acht Jahre. Naturgemäß variiert jede Abfüllung, zeigt aber immer würzige, blumige Noten und einen reichen, sanften Charakter, der die lange Reifezeit erkennen läßt.

Four Roses Yellow Label Kentucky Bourbon

reift fünf Jahre und ist ein Verschnitt aus über zehn verschiedenen Whiskeys mit fruchtiger, nussiger Nase, reichem, weichem, cremigem Aroma.

Gentleman Jack Rare Tennessee Whiskey

aus einer der berühmtesten Destillerien in Amerika, der Jack Daniel Distillery. Er hat einen lieblichen und doch reichen Geschmack, dem man die Holzkohlefilterung anmerkt.

George Dickel & Co. Original Tennessee Whiskey

Die Maische besteht aus Roggen, Mais und Gerste. Beim „Charcoal Mellowing" fließt der gekühlte Whiskey in speziellen Fässern durch Holzkohle und zusätzliche Decken aus Schurwolle. Denn je länger und langsamer der Filtervorgang ist, desto weicher ist das Ergebnis. So entsteht ein milder, trockener, weicher Whiskey, der Spuren von Rauch, Vanille und eine „Holzigkeit" mit dem Aroma weißer Schokolade zum Vorschein bringt.

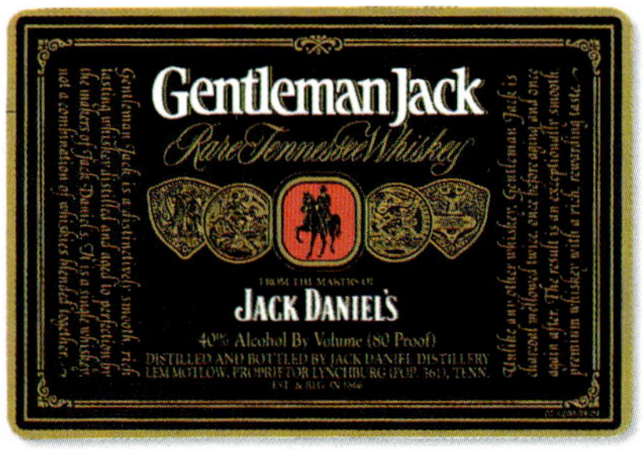

Henry McKenna Kentucky Bourbon

Das Rezept stammt aus dem Jahre 1855, als Henry McKenna aus Schottland kam und in Kentucky begann, Whiskey zu brennen. Ein idealer „Sipping"-Whiskey, der in den Heaven-Hill-Destillerien gebrannt wird.

Henry McKenna Single Barrel Kentucky Bourbon

Ein zehnjähriger Super-Premium-Stil des Brennmeisters der Heaven Hill Disitillery.

Jack Daniel's Tennessee Whiskey

Dieser Whiskey aus Mais und Roggen wird nach der Destillation mit Holzkohle gemildert, wodurch sein milder, charakteristischer Geschmack entsteht. Die Destillerie in Lynchburg, Tennessee, wurde 1866 von Jack Daniel gegründet, nach dessen Motto „Immer wenn wir ihn brennen, machen wir das Beste, was wir können" einer der berühmtesten Whiskeys der Welt entstand.

Maker's Mark Kentucky Bourbon

Die Maische enthält statt Roggen Winterweizen, der zusammen mit Mais und Gerstenmalz einen feinen ausgeglichenen weichen Whiskey ergibt, mit leichter Würze, einer Idee von Butterscotch und einem kurzen Abgang. Der 1953 kreierte Bourbon gilt als einer der feinsten und bestätigt die Philosophie der Destillerie, die nach dem Prinzip „Klasse statt Masse" arbeitet.

Rebel Yell Straight Kentucky Bourbon

Benannt nach dem Schlachtruf der Konföderierten-Armee im amerikanischen Bürgerkrieg, wird dieser Whiskey „das Getränk des Südens" genannt. Er besteht aus reifem Weizen sowie Mais und reift vier Jahre in neu angekohlten Fässern aus weißer Eiche. Er hat einen weichen, sanften Charakter mit reichem Aroma.

Seagram's 7 Crown Blended Whiskey

vereinigt in sich über 50 Whiskeys aus Weizen, Mais und Roggen, die in angekohlten Eichenfässern ihren reichen, tiefen und weichen Geschmack erhalten. Eine ideale Grundlage für Mixgetränke und Cocktails.

Wild Turkey

Die Familie Ripy begann 1885, damit Whisky zu brennen. Die Marke erhielt ihren Namen von der jährlichen Jagd auf wilde Truthähne in North Carolina, wo der Bourbon serviert wurde. Die süßliche Karamelnase sowie der volle, weiche Geschmack zeigen Anklänge von Mais und Vanille mit einem üppigen Finish.

CANADIAN WHISKY

Die erste kanadische Destillerie wurde wohl 1668 von dem Franzosen Jean Talon gegründet, obwohl eine Brennerei in Quebec City 1769 als erste registriert wurde. Um 1840 existierten in Ober- und Unterkanada (Quebec) über 200 Brennereien, und das internationale Ansehen des Canadian Whisky begann zu wachsen.

Im 19. Jahrhundert gab es in Kanada billiges Land und reiche Getreidevorkommen – ideale Voraussetzungen für die Whiskyindustrie. Der Aufstieg des Canadian Whisky setzte sich durch das Erscheinen zweier weltweit führender Whiskybrenner fort: Seagram und Hiram Walker Allied Vintners, beide haben ihren Ursprung in Kanada.

1850 kaufte der Namensgeber Hiram Walker, ein Amerikaner, der einst Lehrling, dann Inhaber eines Lebensmittelgeschäfts und später Getreidehändler war, 190 ha Land gleich an der amerikanischen Grenze in Ontario, Kanada. Darauf errichtete er eine Mühle und eine Destillerie.

1858 verkaufte Hiram Walker Mehl, Futter und Whisky, der später zu Canadian Club wurde, einem der berühmtesten Canadian Whiskys. Das Geschäft blühte, und um die Destillerie wuchs eine kleine Stadt mit dem Namen Walkerville. Whisky wurde an örtliche Lebensmittelhändler in Fässern verkauft, die Namen und Warenzeichen der

OBEN: Die dramatischen Canadian Rockies.

LINKS: Ein Bildnis von Hiram Walker, dem Gründer der Firma gleichen Namens.

RECHTS: Die Canadian Club Distillery, im Besitz von Hiram Walker.

Firma trugen. Später wurde der Whisky in großen Tonkrügen gehandelt.

Als Hiram Walker dazu überging, den Whisky in Flaschen abzufüllen, bedurfte es eines Markennamens. Da sein Whisky bei Mitgliedern von Herrenclubs beliebt war, schien der Name „Club“ angemessen. 1880 beschäftigte Hiram Walker Verkäufer, die den Markt des Club Whisky innerhalb Kanadas und auch nach Europa ausweiteten. Der Erfolg dieser Kampagne führte 1882 zur Einführung der Marke in den USA, wo sie bald sehr populär wurde.

Jedoch begrüßten nicht alle Amerikaner den Erfolg dieser „ausländischen“ Marke, und einige Brennereien forderten von Washington ein Gesetz, nach dem Hiram Walker seinen Whisky als „Canadian“ ausweisen sollte, damit die Kunden nicht dachten, sie kauften amerikanischen Whiskey. Dieses Gesetz wurde 1890 verabschiedet, und der Canadian Club war entstanden.

Das Seagram-Imperium ist heute eine dominante Kraft in der Whiskywelt. Es geht auf das Jahr 1883 zurück, als Joseph Seagram die Waterloo Distillery in Amerika erwarb.

OBEN UND LINKS: Die Firmenlogos von Hiram Walker und Seagram.

OBEN RECHTS: Samuel Bronfman, Seagrams Gründer.

RECHTS: Arbeiter in einer Seagram-Destillerie prüfen die Fässer.

Das Unternehmen wurde später von Samuel Bronfman übernommen, der 1928 die Distillers Corporation – Seagram Ltd. – gründete, fünf Jahre vor Aufhebung der Prohibition in Amerika. In der Überzeugung, der Verkauf von Spirituosen steige bald wieder an, ging Bronfman das finanzielle Risiko ein, in Kanada Whiskyvorräte zu lagern und verfügte nach Ende der Prohibition 1933 über den weltweit größten Vorrat reifen, hochwertigen Whiskys. Heute vertreibt Seagram's auch Single Malt und Blended Scotch Whisky, American Whiskey und zahlreiche Whiskys aus Ländern wie Südkorea und sogar Brasilien.

Canadian Whisky Leitfaden

Der folgende Leitfaden beschreibt die Merkmale einer Auswahl von beliebten Whiskys aus Kanada.

Canadian Club

Canadian-Club-Whiskys bestehen aus einer Kombination von Roggen, Mais, Gersten- und Roggenmalz. Sie sind ungewöhnlich leicht in Geschmack, Körper und Farbe. Der 12-jährige Canadian Club Classic in einer Glaskaraffe ist ein Super Premium Whisky mit reichem, aromatischem Geschmack. Canadian Club 20 years old besitzt Tiefe, Komplexität und wird in einer eleganten Geschenkdose verkauft.

Canadian Mist

Dieser Whisky verwendet nur bestes Getreide von den Feldern Ontarios und klares Wasser aus der Georgian Bay, der reinsten und frischesten Wasserquelle der Welt, etwa 120 km nordwestlich von Toronto. Dieser dreijährige Whisky hat ein bemerkenswertes Bouquet und einen weichen Charakter, der die Reifung in angekohlten Eichenfässern erkennen läßt.

Crown Royal

wurde anlässlich einer Kanadareise König George VI. und Königin Elizabeths von Großbritannien aus Mais und Rye Whiskys kreiert. Der zarte, reiche und elegante Stil reflektiert seine königliche Herkunft.

Gibson's Finest 12 years old

erhält in weißen Eichenfässern sein reiches Aroma und sanften Geschmack.

Harwood Canadian

Geschmacksintensiv mit dem typischen milden und lieblichen Charakter.

Schenley Golden Wedding

Diesen bekannten Blend gibt es seit 1856. Ein körperreicher Whisky, der am Gaumen ausgesprochen weich ist.

Schenley Original Fine Canadian

Seit seiner Einführung 1955 hat dieser traditionelle Rye Whisky zahlreiche wertvolle Auszeichnungen erhalten. Er ist ein Blend aus ausgewählten achtjährigen Whiskys, die in Fässern aus weißer Eiche gelagert werden, und hat eine wunderbare Balance, besondere Weichheit und zarten Charakter.

Seagram's VO

Sechs Jahre gereift, hat er einen leichten, milden und weichen Körper.

Wiser's Special Blend

Seine Nase enthält Vanille und frisches Holz, am Gaumen weiche, milde Eichentöne, eine feine Süße und ein kompaktes Finish. Der zehnjährige Deluxe hat eine reiche Nase mit getrockneten Früchten und Eiche, die zu einem runden Gaumen mit reichen Toffee- und Getreidenoten führt.

WHISKY RUND UM DIE WELT

Viele „einheimische" Whiskys werden rund um die Welt produziert, in Ländern wie Japan, Südkorea, Wales und Spanien. Sie genießen zwar nicht die internationale Anerkennung wie Scotch, Irish, American und Canadian Whiskys, haben jedoch alle einen individuellen Stil und treue Anhänger.

JAPAN

Die japanische Vorliebe für Luxusgüter verhalf dem Whisky zu hohem Rang. Japan ist ein bedeutender Exportmarkt für zahlreiche schottische und amerikanische Marken, aber auch einheimischer Whisky hat seine Tradition.

Japanischer Whisky entstand 1923, als Shinjiro Torii, der Gründer von Suntory – heute ein multinationales Unternehmen mit großem Spektrum – die erste Destillerie im Tal Yamazaki außerhalb Kyotos baute. Dieses Gebiet bot die günstigsten Voraussetzungen für die Whisky-Herstellung. Als perfekter Blender mit ausgeprägtem Geruchssinn kreierte Shinjiro Torii 1929 Japans ersten Whisky: Suntory Shirofuda (heute Suntory White). Weitere Kreationen, die das Ansehen japanischen Whiskys erheblich steigerten, waren Kakubin im Jahre 1937 und Old im Jahre 1940.

OBEN: Fässer in einer der Suntory-Destillerien in Japan.

LINKS: Blick auf Suntory, einen der erfolgreichsten Hersteller japanischen Whiskys.

Suntory unterhält zwei weitere Destillerien in Japan. Die Hakushu Distillery, 1973 in einem malerischen Wald erbaut, verfügt über einen Keller und verschiedene Kupfer-Pot-Stills, die eine Reihe Malt Whiskys herstellen. Die Hakushu Higashi Distillery wurde 1981 ganz in der Nähe gegründet und bezieht das Wasser aus derselben Quelle.

Suntory stellt inzwischen auch Brandy, Gin, Wodka, Rum, Tequila und Likör her, Whisky ist aber noch immer das Hauptprodukt. Die Palette enthält Yamazaki Pure Malt Whisky, Hibiki und Crest 12 year old, die 1989 anlässlich des 90. Jahrestages der Firma kreiert wurden und die Blends Royal, Reserve, Old, Kakubin und Shirokaku. Das Suntory-Whiskymuseum zeigt die Geschichte, Kultur und Technologie der Whiskyherstellung in Japan. Suntory, 1899 gegründet, etabliert sich neben der Whiskyherstellung als internationaler Konzern mit Nahrungsmittel- und pharmazeutischer Produktion.

Südkorea

Der große multinationale Getränkehersteller Seagram, dessen umfangreiches Portfolio Whiskys wie The Glenlivet, Chivas Regal, Four Roses und Crown Royal umfasst, hat auch in verschiedenen Ländern die Herstellung „einheimischer" Whiskys initiiert. In Südkorea produziert ein Joint Venture Gold Classic und Secret, beides anerkannte Marken.

VON LINKS NACH RECHTS: Auswahl einiger Suntory-Marken (Suntory Royal, Yamazaki Pure Malt Whisky und Hibiki).

Spanien

Spaniens einzige Whiskybrennerei ist Destilerias Y Crianza del Whisky (DYC) in Segovia, die selbst mälzt und die Whiskys auf ihrem Gelände aus spanischen Rohstoffen destilliert, blendet und lagert. Zwei Stile werden hergestellt: DYC 5 years old und DYC 8 years old, Blends aus Malt und Grain Whisky. Whisky DYC wird nur in Spanien verkauft, wo er einen so großen Erfolg hat, dass er 25 % des Whiskymarktes ausmacht. Er wird geswöhnlich pur oder mit Cola oder Wasser getrunken.

DYC wurde 1959 gegründet, die ersten in Eichenfässern gereiften Whiskys wurden vier Jahre später auf den Markt gebracht. Die Produktion wurde aufgenommen, nachdem die spanische Regierung vollkommen neue Vorschriften für die Whiskyherstellung eingeführt hatte. Diese verlangten hochwertige Anlagen, Rohstoffe und Herstellungsverfahren. 1992 wurde DYC vom Sherryproduzenten Domecq übernommen, der darauf mit dem multinationalen Konzern Allied Lyons fusionierte, und nun ist DYC Teil der Allied Domecq Group.

Wales

Welsh Whisky enstand aus dem historischen „Bragget", einem Bier, das ursprünglich von Mönchen auf Bardsey, einer kleinen Insel vor der walisischen Küste, gebraut wurde. Als das Wissen über die Destillation Wales erreichte, wurde dieses Gebräu zu einem Getränk destilliert, das die walisischen Kelten „Chwisgi" nannten und mit Honig und Kräutern verfeinerten. Zunächst war es ein medizinisches Getränk und wurde als großartiges Aphrodisiakum angesehen.

Nach Auflösung der Klöster nutzten Farmer die Destillation, um überschüssiges Getreide zu verbrauchen. Im frühen 18. Jahrhundert wurde die erste kommerzielle Destillerie in Pembrokeshire von der Familie Evan Williams aus Dale gegründet. Eine weitere Destillerie wurde 1888

Links: Eine Flasche DYC Whisky aus Spanien.

Oben: Swn y Mor aus der Brecon-Brauerei ist ein führender Welsh Whisky.

von Robert Willis und eines Herrn Price of Rhiwlas erbaut. Die Firma verfügte über ein Aktienkapital von 100.000 £, zu dieser Zeit eine erhebliche Summe. 1906 wurde das Unternehmen jedoch wegen der starken Abstinenzbewegung in Wales wieder geschlossen.

Erst 1974 erschien Welsh Whisky erneut. In einem kleinen Keller im südwalisischen Brecon begann Dafydd Gittins mit dem Blending von Swn y Don Welsh „Chwisgi". 1975 siedelte das Unternehmen auf ein kleines Grundstück hinter dem Camden Arms Inn in Brecon um. Hier wurde die Brecon Brewery errichtet und es begann die Geschichte des Swn y Mor Welsh Whisky. Es dauerte sechs weitere Jahre, das Rezept zu perfektionieren, das den originalen Welsh Whiskys so nahe wie möglich kam.

OBEN: Flasche und Label des Prince of Wales, einem beliebten Welsh Whisky.

RECHTS: Die Brecon Beacons, Heimat der Brecon-Brauerei.

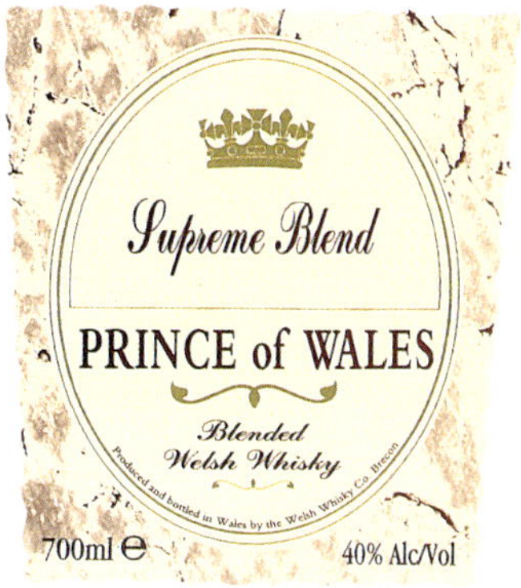

1982 siedelte das Unternehmen zu seinem jetzigen Standort in Brecon's Parc Menter im Herzen der schönen Brecon Beacons um. Außer dem Blend Swn y Mor werden drei Abfüllungen des Prince of Wales Whisky produziert, die alle in Eichenfässern gelagert werden. Prince of Wales Supreme Blend und Prince of Wales 12 year old haben ein eindrucksvolles Bouquet und einen reichen, milden Geschmack, Prince of Wales Special Reserve ein vornehmes Bouquet und weichen Malzgeschmack. Das Unternehmen stellt auch eine Reihe anderer Spirituosen und Liköre her.

COCKTAILS

Cocktails versprühen ein ganz besonderes Flair und verschiedene berühmte Cocktails wurden dem Whisky zu Ehren kreiert. Einige Drinks werden am besten im Cocktail-Shaker geschüttelt, der die Zutaten mixt und gründlich mit Eis kühlt. Sie können auch gerührt werden. Die folgenden Rezepte sind jeweils für eine Person.

MINT JULEP

Dieser etablierte Cocktail stammt aus den Südstaaten der USA. Geben Sie nach Geschmack frische Minze hinzu.

ZUTATEN
1 TL Zucker
8–10 frische Minzblätter
1 TL heißes Wasser
2 Maße/45 ml Bourbon oder Whisky

__1__ Zucker in einen Mörser oder in eine Schale geben und die Minze in kleinen Stückchen hinzufügen.

__2__ Die Minzeblätter zerdrücken, um ihr Aroma freizusetzen und sie mit dem Zucker zu verbinden.

__3__ Heißes Wasser hinzugeben und alles gut miteinander verreiben.

__4__ Mischung in einen Cognacschwenker geben und diesen zur Hälfte mit zerstoßenem Eis füllen.

__5__ Bourbon oder Whisky dazugießen.

__6__ Rühren, bis das Glas außen gefriert. 1–2 Minuten warten, bis das Eis leicht geschmolzen ist und der Drink etwas verdünnt ist.

Manhattan

Sie können süßen oder trockenen Wermut (fügen Sie dann Angostura Bitter hinzu) oder beide kombiniert verwenden.

Zutaten
2 Maße/45 ml Rye Whiskey
1/4 Maß/5 ml trockener französischer Wermut
1/4 Maß/5 ml süßer italienischer Wermut
Zitronenschale und Maraschinokirsche zur Dekoration

1 *Whiskey und den Wermut in ein mit Eis gefülltes Glas geben. Etwa 30 Sekunden gut umrühren, alles gut abkühlen lassen.*

2 *Mischung auf Eis oder pur in ein gekühltes Cocktailglas abseihen.*

3 *Streifen Zitronenschale mit einem Canelle- Messer schälen, Stück verknoten und in den Cocktail geben.*

4 *Cocktail mit einer Maraschinokirsche mit ganzem Stiel dekorieren.*

Variation

Durch folgende Zugaben wird aus dem Rezept für Manhatten ein Skyscraper: einen Schuss Angostura Bitter und einen TL Saft von Maraschinokirschen, mit Ginger Ale nach Geschmack auffüllen.

Gall Bracer

Servieren Sie den Drink auf Eis, in einem Tumbler für einen Mann oder einem langstieligen Cocktailglas für eine Dame.

Zutaten
2 Schuss Angostura Bitter
2 Schuss Grenadine
2 Maße/45 ml Whisky
Streifen Zitronenschale
Maraschinokirsche zur Dekokration (nach Wahl)

***1** Barglas zur Hälfte mit Eis füllen. Mit Angostura, Grenadine und Whisky verrühren.*

***2** Eis in einen Tumbler geben und den Cocktail darüber abseihen.*

***3** Zitrone über das Glas halten und Öl sowie Saft in den Cocktail pressen.*

***4** Nach Wunsch eine Maraschinokirsche hinzufügen und servieren.*

Variation

Um einen Gall Bracer zu einem Long-Drink zu machen, füllen Sie ihn mit Soda oder Sprudelwasser auf. Für einen Cocktail, der Gall Trembler genannt wird, ersetzen Sie den Whisky durch Gin und geben nach Geschmack mehrere Schuss Bitter dazu.

Sea Dog

Dieser Whisky-Long-Drink mit Zitrusakzent wird nach Wunsch durch das zweite Stück Zucker süßer.

Zutaten
1–2 Stück Würfelzucker
2 Schuss Angostura Bitter
2 Orangen- und 2 Zitronenspalten
2/3 Maß/15 ml Whisky
1 Maß/22 ml Benedictine
2 Maße/45 ml gekühltes Sodawasser
Maraschinokirsche zur Dekoration

1 *Geben Sie den Zucker in ein Collins-Glas. Geben Sie den Bitter hinzu.*

2 *Zerdrucken Sie darauf die Orangen- und Zitronenspalten mit einem Rührlöffel.*

3 *Ist genug Zitronensaft vorhanden, füllen Sie viel grobes Eis darauf.*

4 *Fügen Sie Whisky und Benedictine hinzu.*

5 *Mixen Sie die Zutaten mit einem Rührstab etwa zwanzig Sekunden gut durch und füllen Sie das Glas mit gekühltem Soda auf.*

6 *Mit dem Rührlöffel servieren, damit die Früchte weiter ausgepresst werden können. Mit einer Maraschinokirsche mit ganzem Stiel dekorieren und servieren.*

Old fashioned

Ein Stück Zucker zermahlen, mit etwas Angostura Bitter mixen und gut schütteln. In einen Tumbler mit viel Eis und einem großzügigen Schluck Canadian oder Straight Rye Whiskey gießen. Ein Stück Zitronenschale, eine Orangenscheibe zugeben sowie eine Maraschinokirsche zur Dekoration und einen Rührstab. *Links*

Whisky Mac

Dieser Drink ist sehr beliebt. Mixen Sie halb und halb Scotch Whisky mit grünem Ingwerwein und servieren Sie ohne Eis. *Rechts*

Rusty Nail

Servieren Sie gleiche Maße Drambuie und Scotch Whisky, wenn Sie möchten auf Eis.

Saracen

Schütteln Sie ein Maß Scotch Whisky und je ein halbes Maß Glayva und trockenen Sherry sowie einen Spritzer Orangenbitter mit Eis. Gießen Sie den Drink in einen Tumbler und füllen Sie mit Soda auf. Dekorieren Sie mit einem Stück Orangenschale. *Unten links*

Bunny Hug

Schütteln Sie gleiche Maße Gin, Scotch Whisky und Pastis und geben Sie dies in ein Cocktailglas. *Unten rechts*

Boston

Schütteln Sie gleiche Maße trockenen Madeira und Bourbon mit ½ TL Zucker. Fügen Sie ein Eigelb hinzu und seihen Sie die Mischung in ein Glas. Reiben Sie Muskat darüber und servieren Sie. *Unten links*

Whisky Sour

Schütteln Sie 2 Maße/45 ml/3 TL Whisky, je 25 ml/1½ TL Zitronen- und Limonensaft, 15 ml/1 TL Zuckersirup und 1 TL Zucker. Seihen Sie dies über Eis in ein Glas und dekorieren Sie mit Zitronenspalten. *Unten rechts*

Index

JAMESON
JOHN
& SON
Established
Since 1780
SINE METU
IRISH WHISKEY
John Jameson & Son
BOW STREET, DUBLIN 7
40% vol
PRODUCT OF IRELAND
700 ml e

Schenley
Golden Wedding
Canadian Whisky Canadien
UNITED DISTILLERS CANADA INC.
40% alc./vol. 750 mL

Dank

Die folgenden Bilder wurden reproduziert mit freundlicher Genehmigung von: The Advertising Archives: 15ol, *Highland Games*; 15ur, *King George IV.* Real Ireland Design Limited: 40–1, *Irish Pubs* von Liam Blake. The Bridgeman Art Library; 2, *Loch Katrine* von George F. Robson; 7, *Rob Roy und the Baillie* von John W. Nicol, mit Gehemigung der Sheffield City Art Galleries; 8o, *The Irish Whiskey Still* von Sir David Wilkie, mit Gehemigung der National Gallery of Scotland; 11ur, *The Smugglers* von George Morland, mit Genehmigung des Fitzwilliam Museum, University of Cambridge. e.t. archive: 8ur, *Dr Johnson* von Sir Joshua Reynolds, Courage Breweries; 9l, *Clans of the Scottish Highlands – Buchanan* von R.R. McIan; 15m, *Johnnie Walker Whisky, 1929*; 45ol, *George Washington*, Musée Versailles. The Kobal Collection: 12o, *The Roaring Twenties*, mit Genehmigung von Warner Bros/First National. The Still Moving Picture Co: 19ul, *The River Spey* von Angus Johnston; 19ur, *Barley Field* von Alasdair MacFarlane; 25ul, *Piper, Glen Garry* von Marius Alexander; 20u, *Alt-a-Bhain Distillery*, 22ol, *Whisky Nosing*, 24o, *Suilven* und 25r, *Robert Burns, Alloway* all von Doug Corrance. The Visual Arts Library: 3, *Belle Jardinière*, mit Genehmigung der Collection Kharbine-Tapabor; 15or, *Thanksgiving 1942*, 15ul, *Haig Whisky* und 45or, *Le Petit Journal*, alle mit Genehmigung von Selva. Jaya Wardene Photo Library: 50o, *Canadian Rockies*.

Die Herausgeber bedanken sich bei folgenden Personen und Organisationen für deren Beitrag zu diesem Buch und/oder für die Bereitstellung weiterer Bilder: Robert Scott at Milroy's of Soho Ltd: Alfred Dunhill Scotch Whisky Ltd: 14ur. Allied Distillers Ltd: 34l. Allied Domecq Group: 56l. Blanton's Distilling Co: 14ul. Debbie Brooks bei Brown-Forman Beverages Worldwide: 23o, 45ul, 47r, 52r. Campbell Distillers Ltd: 28ul, 30ul, 42o+r, 43o. CSPR: 18o. Cutty Sark Scots Whisky: 35ul. Douglas Laing & Co: 14or. Matthew Gloag & Son Ltd: 21ul+r. Hagley Museum und Library: 51ul+ur+or. Heaven Hill Distilleries: 23ul, 48ur. Highland Park Distillery: 10ul. Hiram Walker & Sons Ltd: 50ul+r, 51ol. Invergordon Distillers: 9r. Irish Distillers Ltd: 8l, 13or, 38t+ul, 39ol (freundliche Genehm. von Robert und Maria Waters des Tigin Irish Pub, USA), 39om, 39or, 39ur, 42ul, 43o und Rückseite. Jack Daniel's Distillery: 5, 12r, 44o, 46 und Rückseite. Jim Beam Distillery: 44u. J&B: 16o, 21o, 32ul, 33o. Joseph E. Seagram & Sons Ltd: 26ul, 27l+or, 31ul, 32o, 34o, 36o. The Kentucky Distillers Association: 13ol, 18or, 22or. Suntory Limited: 23ur, 54, 55or+u. Lucy Penrose at United Distillers: 4, 10ol+or, 15um, 19o, 22u, 24ul, 25o, 26o, 27ol, 48o, 49u, 53ul+o. Wales Tourist Board Photo Library: 57ur. William Grants & Sons, Inc: 14ol, 20o, 24ur, 30ur und Rückseite.

l=links, r=rechts, o=oben, u=unten, m=mitte

Der Autor dankt den folgenden Organsiationen:
The Scotch Whisky Association, United Distillers, Mulcaster & Associates, Seagram, Allied Domecq, International Distillers & Vintners, Matthew Gloag, William Grant, Campbell Distillers, Irish Distillers, Kentucky Distillers' Association, Heaven Hill Distilleries, Jim Beam, Maker's Mark Distillery, United Distillers Canada, Association of Canadian Distillers, Suntory.

Nützliche Adressen

The Scotch Whisky Association
20 Atholl Crescent
Edinburgh EH3 8HF
Scotland
United Kingdom

Kentucky Distillers' Association
110 West Main
Springfield
Kentucky 40069
USA

The Irish Whiskey Visitor Centre
Irish Distillers Ltd
Bow Street
Dublin 7
Ireland

Association of Canadian Distillers
90 Rue Sparks Street
Suite 1100
Ottawa, Ontario
Canada